윤리적 소비에서
공정무역마을운동으로

윤리적 소비에서

공정무역마을운동으로

아이쿱 이야기

김선화, 신효진

책을 펴내며

아이쿱생협이 공정무역을 하고 있는 것은 조합원 누구나 알고 있을 것이다. 2007년 아이쿱은 윤리적 소비 실천을 위해 공정무역을 시작하였다. 그것이 꾸준히 이어져 공정무역은 아이쿱생협의 하나의 정체성(identity)이 되었다. 그러나 대부분의 조합원들은 아이쿱의 공정무역 활동이 얼마나 많은지, 그 활동을 정말 제대로 하고 있는지, 생산자를 도왔다면 얼마나 많은 도움을 주었는지 정확히 알지 못하고 그저 열심히 활동을 해왔을 것이다. 그런 활동들이 어떤 물결이 되었는지 이제 확인이 필요한 시간이 된 것 같다.

"구슬이 서 말이라도 꿰어야 보배"라는 우리네 속담이 있다. 이 책을 보며 가장 먼저 떠오른 말이었다. 고민과 땀이 묻어나는 아이쿱의 공정무역 확산을 위한 활동과 사업적 성장을 구슬을 꿰듯 집대성한 결과물이기 때문이다. 이 책을 통해 지난 13년간 아이쿱생협의 공정무역 활동뿐만 아니라, 한국 공정무역의 규모화와 흐름을 아이쿱생협이 얼마나 이끌어왔는지 확인할 수 있다.

아이쿱은 공정무역이라는 모티브를 통해서 협동조합의 5원칙인 교육, 훈련 및 정보 제공, 6원칙인 협동조합 간의 협동, 7원칙인 지역사회 관여를 열심히 실천하고 있다. 회원생협에서는 공정무역위원회, 물품위원회, 캠페인위원회 등 다양한 단위에서 공정무역 활동을 실천한다. 아이쿱생협 회원생협들이 공정무역 교육을 3000회 넘게 진행했으며, 참여 인원이 5만 9000여 명이라는 놀라운 성과를 만들어왔음을 단행본을 통해 확인할 수 있었다. 이는 공정무역의 의제가 아이쿱생협만이 아니라 시민들 누구에게나 실천 가능한 운동임을 나타내는 것이다.

또한 해외 생산자를 위한 공정무역 공동체발전기금과 국내 생산자를 위한 친환경과일지원기금, 국내과실주발전기금 등을 통해 국내외 생산자를 위한 상생의 모델을 만들어가는 아이쿱의 노력을 알 수 있다. 필리핀 생산지에 커뮤니티 센터를 건립하여 생산자와 지속적인 연대를 만들어가는 우리의 모습, 스웨덴의 1인당 공정무역 물품 구매액에 버금가는 아이쿱 조합원의 공정무역 구매액, 사업의 성장과 함께 늘어난 우리 생산지의 모습들……. 이것은 단순한 공정무역 활동을 통한 성과를 넘어선, 아이쿱의 사회적 가치 확산을 위한 끊임없는 노력의 증명인 것이다.

아이쿱이 공정무역을 해온 13년이라는 시간은 공정무역이 하나의 운동만이 아님을 다시금 느끼게 해주었다. 더 좋은 사회, 더 안전한 사회를 만들기 위한 아이쿱의 생각이 공정무역 사업과 활동을 통해 드러나고 있다. 그 시간 동안 우리는 우리가 실천하고자 한 가치를 공정무역으로 표현하고 있었던 것이다.

지속가능한 삶을 위해 우리가 주목하고 있는 기후 변화 대응과 공정무역의 10원칙, 환경 보호는 우리의 공동 목표라 할 수 있겠다. 아이쿱과 나아가 전 세계적인 공정무역 운동으로 마을을 만들고 지구가 더 안전하게 변하는 것을 꿈꿔본다.

　책은 지금까지의 활동과 성장 방향이라는 여러 구슬이 꿰인 보배가 되었다. 이 책을 통해서 공정무역으로 이루어 놓은 결과물에 자신감과 자부심을 갖고, 지속가능한 삶을 위한 활동의 방향에 도움을 받을 수 있을 것이다. 이제 활기찬 활동을 위한 원동력에 시동을 걸어보자.

　　　　　　　　　　　　　　박수진(아이쿱생협연합회 공정무역위원장)

추천의 글

한국 공정무역은 발전하고 있다. 이 설명에 대해 많은 토론을 할 수 있다. '그렇다, 혹은 아니다'라거나 '잘한다, 혹은 그저 그렇다'는 식의 학술적이며 실천적인 토론이다. 그런데 이런 토론이 건강하게 일어나려면 구체적이고 정확한 자료를 볼 수 있어야 한다. 자료와 증언에 기반한 한국 공정무역의 역사를 알고 싶은 사람, 그리고 한국 공정무역의 미래에 대해서 고민하는 사람에게 중요한 책이 출간되었다. 한국 공정무역의 중요한 사례 중 하나인 아이쿱생협의 공정무역을 풍부한 자료와 증거를 기반으로 서술한 이 책이다.

한국에서 실제로 공정무역이 어떻게 발전해왔는지를 알고 싶을 때, 누구에게 무엇을 물어보면 좋을지 궁금해하는 사람이 많다. 다양한 기사와 논문이 출간되었다. 그러나 체계적으로 정리된 읽기 쉬운 책을 찾을 때 권할 수 있는 책이 많지는 않았다. 한국의 공정무역 역사도 20년이 되어간다. 그사이 양적으로나 질적으로 많은 변화가 있었다. 짧지 않은 한국 공정무역의 역사를 알고 싶은 사람들에게 아이쿱생협의 사례를 상세하고 친절하게 정리한 이 책을 추천한다.

한국 공정무역의 발전을 서로 다른 관점에서 서술할 수 있다. 그러나 현재 양적으로, 또 질적으로 중심적 역할을 하고 있는 한국 생협의 공정무역 역사를 이해하는 것이 중요하다. 한국 생협 중에서도 아이쿱생협이 두레생협과 함께 한국 공정무역을 이끌고 온 협동조합이라는 데는 이견이 없을 것이다. 한국 생협을 단지 공정무역 제품을 소비하는 사람들의 모임이라고만 할 수는 없다. 생협은 한국 공정무역의 도전과 발전에 큰 기여를 해왔다. 특히 아이쿱생협은 전국적으로 공정무역을 확대하고 홍보하는 데 중요한 역할을 했다. 전국 각 지역의 아이쿱생협 회원생협들이 공정무역의 중요한 거점이 되어 실천을 이끌어가는 활동가들을 육성했다.

그러나 이 책은 아이쿱생협 공정무역의 과거와 현재의 자료를 보여주는 것만은 아니다. 그보다 중요한 것은 한국 공정무역을 어떻게 발전시켜야 할지 고민하는 모든 사람에게 시사점을 주고 있다는 점이다. 아이쿱생협의 공정무역은 소비자 조합원의 윤리적 책임감에 의한 윤리적 소비로부터 출발한다. 그리고 이는 시간이 지나 공정무역의 규모가 커짐에 따라 각 지역에 기반한 공정무역마을운동으로 발전했다. 이러한 변화와 발전을 이해하는 것이 미래 발전을 상상하는 데 필요하다.

지금 우리는 한국 공정무역을 향해 다가오는 새로운 도전을 보고 있다. 과거부터 지금까지 계속 해결하지 못하고 있는 글로벌 빈곤은 물론이고, 코로나19의 확산과 경제사회 위기에 대응하기 위하여 공정무역이 무엇을 할 수 있을지 생각해야 한다. 지금까지 해온 공정무역 실천을 더 많이 더 잘하면 지금 우리가 처한 문제 상황을 조금이라도 해소할 수 있을지 생각해야 한다. 공정무역 인증의 문제, 공정무역 직거래의 한계, 글로벌 생산자와 국내 생산자의 공존, 새로운 국제무역 체제의 등장 가능성 등 많은 도전에 대해 점검해야 한다. 그리고 한국 공정무역도 이런 도전에 대응할 준비를 하고, 선도적으로 혁신적 대안을 제시하고 실천해야 한다. 우리는 새로운 시도를 하고 있다. 그리고 이 실험이 성공과 실패를 반복하더라도 우리는 계속 시도해야 할 것이다.

한국 공정무역의 지향점은 글로벌과 한국의 생산자, 그리고 국내외 소비자가 함께 공생하는 것이 되어야 한다. 공정무역의 원리와 원칙은 전 세계 모든 생산자와 소비자에게 적용되어야 할 것이다. 그리고 전세계 공정무역단체와 협동조합들이 서로 협동하는 전략이 필요하다. 국제무역에서만이 아니라 국내 생산과 소비에서도, 글로벌 빈곤만이 아니라 국내 생산과정의 공정함을 위해서 공정무역을 해야 한다. 그리고 윤리적 소비만이 아니라 윤리적 생산과 유통을 포함한 전체 가치사슬까지로 공정무역을 확장하여 실천해야 한다.

이 책을 읽으며 한국 공정무역의 과거와 현재를 생각하며 미래를 열어가자. 그리고 새로운 도전을 해보자.

장승권(성공회대학교 사회융합자율학부 경영학전공 및
일반대학원 협동조합경영학과 교수)

차례

1부 윤리적 소비 실천, 공정무역

들어가며

안전하고 건강한 식품 공급에 주력해왔던 아이쿱소비자생활협동조합 (이하 아이쿱생협)에서 공정무역을 시작한 지 13년의 시간이 지났다. 13년간 아이쿱생협은 공정무역 비즈니스와 활동에서 괄목할 만한 성과를 만들어왔다. 국내에서 가장 다양한 공정무역 물품을 취급하고 있으며, 공정무역 원료를 가공·생산하는 국내 조직들 중에서 가장 높은 매출액을 보인다. 조합원 1인당 공정무역 물품 소비 규모는 1인당 공정무역 물품 소비가 가장 높은 것으로 알려진 북유럽 수준에 근접할 정도다.

대한민국의 생협은 윤리적 소비의식을 지닌 사람들의 집합체라고 할 수 있다. 그러므로 윤리적 소비의식을 지닌 조합원들이 모여 있는 아이쿱생협이 공정무역 제품 소비 규모가 가장 큰 것은 당연한 것일 수 있다. 공정무역 물품의 소비 증가는 개발도상국 생산자단체들과의 거래 증가를 뜻한다. 그리고 공정무역 물품 판매를 통해서 조성되는 공동체발전기금과 공정무역기금 등은 개발도상국의 생산자 공동체가 지속가능한 발전을 이룰 수 있도록 지원한다.

아이쿱생협에서 공정무역 거래 규모가 꾸준히 증가할 수 있었던 것은 다양한 공정무역 제품 개발과 함께 조합원들의 제품 이용이 증가한 덕분이다. 그리고 '공정무역'을 주제로 꾸준히 교육과 캠페인을 진행해온 활동가들이 있었기에 가능했다. 지난 13년간 아이쿱생협의 회원생협들은 공정무역과 관련된 다양한 교육, 캠페인을 통해 조합원들과 소통해왔다. 최근에는 수도권 회원생협을 중심으로 공정무역마을운동을 이끌어가고 있다.

이 책은 아이쿱생협의 공정무역 비즈니스와 운동의 역사, 그리고 경험을 기록하고 있다. 최근에 공정무역마을운동이 활성화되면서 공정무역을 알리기 위한 교육 및 캠페인 기회가 증가하고 있으나, 아이쿱생협이 그동안 실천해온 공정무역 사업과 운동의 기록을 전체적으로 정리하고 앞으로의 방향을 조망한 저서가 없는 상황이다. 이 책을 통해 아이쿱생협의 공정무역 사업과 활동에 대한 이해를 높이고자 한다. 공정무역을 공부하려는 이들과 강의를 하는 조합원들에게 참고가 되기를 바란다.

이 책은 지난 13년간 공정무역을 위해 아이쿱생협이 실천해온 일을 6개의 장으로 나누어 설명한다.

1장에서는 아이쿱생협에서 공정무역을 시작하게 된 동기, 시작 당시의 상황을 그리고, 공정무역이 어떻게 윤리적 소비와 연결되어 있는지를 설명한다. 또한 공정무역의 역사와 국제공정무역기구 인증을 소개하여 이에 대한 이해도를 높여준다.

2장에서는 아이쿱생협 공정무역 사업의 성장을 구체적인 수치들로 확인해본다. 취급하는 공정무역 품목, 공정무역 매출액, 조합원 1인당 공정무역 물품 구매액이 공정무역 시작 시점부터 현재에 이르기까

지 얼마나 증가했는지를 확인하는 방식으로 아이쿱생협 공정무역 사업
을 조망한다.

3장에서는 아이쿱생협과 공정무역으로 연결된 아시아, 아프리카,
중남미 생산자단체들을 소개하고, 아이쿱생협이 이들과 어떻게 연대해
왔는지를 설명한다. 특히 필리핀의 마스코바도 설탕 생산자단체, 페루
의 바나나 생산자단체, 코스타리카의 커피 생산자단체의 사례를 통해
공정무역의 의미를 돌아본다.

4장에서는 지난 13년간 아이쿱생협의 회원생협들이 행해온 공정
무역 교육과 캠페인 현황을 확인한다. 그동안 전체 규모를 알 수 없었던
공정무역 교육 및 캠페인 현황과 주된 내용 등을 회원생협 설문조사를
통해 정리한다. 그리고 활동가 인터뷰를 통해 공정무역을 실천해온 맥
락을 짚어본다.

5장에서는 최근 국내에서 활발히 추진되고 있는 공정무역마을운
동의 의미와 운동에 주도적으로 참여하는 아이쿱생협의 상황을 보여
준다. 공정무역마을운동 추진을 위해 지역을 기반으로 코디네이터를
양성해온 과정에 대해서도 설명한다.

그리고 6장에서 전체 논의를 아우르며, 앞으로 아이쿱생협의 공
정무역이 나아가야 할 방향을 제안한다.

이 책이 나오기까지 많은 이들의 도움을 받았다. 저자들은 이 책을
집필하기 전에 (주)쿱무역의 백서를 먼저 작업했다. 백서 준비 과정에
서 그동안의 아이쿱생협 공정무역 비즈니스 현황 확인과 함께 거래 관
계를 형성하고 있는 아시아, 아프리카, 중남미 여러 나라의 공정무역 물
품 생산자단체들을 살펴보았다. 이는 본 책을 구성하는 데도 유용한 자
료가 되었다. 백서 제작을 제안하고 내용을 조율해주신 (주)쿱무역 김태

연 대표님과 백서 제작 아이디어를 내고 큰 틀에서 방향을 조언해주신 (주)쿱무역 윤종규 이사님, 그리고 자료를 모으고 정리하는 데 도움을 주고 애써주신 (주)쿱무역 모든 직원들께 감사를 표한다.

　책을 작업하기 위해서 많은 분들과 인터뷰를 진행했다. 공정무역이 시작된 당시의 상황을 이해하기 위해서 초기 공정무역추진위원회 위원장을 맡았던 정금수 (주)쿱무역 이사님, 강석호 (주)오가닉클러스터 대표이사님의 도움을 받았다. (주)에코푸드의 신정하 공장장님을 만나서 아이쿱생협 공정무역 커피 취급의 역사에 대한 생생한 이야기를 들을 수 있었다. 그리고 아이쿱생협연합회 공정무역위원회에 참여하고 있는 이사장님들의 인터뷰와 도움으로 공정무역 활동 현황을 파악할 수 있었다. 또한 (사)소비자기후행동[1]에서 주관했던 공정무역마을 코디네이터 양성 과정에 참여한 아이쿱생협 활동가들의 진지한 토론을 통해 내용을 발전시킬 수 있었다. 지금도 이분들은 자신들이 활동하는 지역을 공정무역마을로 만들기 위해 모임을 만들어 매월 세미나를 진행하고, 활동을 계획·실천하고 있다. 김남희, 김명옥, 김보연, 김현정, 고태경, 권경숙, 김영애, 박지연, 박지현, 박은주, 박정훈, 안현진, 이경옥, 이미일, 이선영, 이연심, 이향숙, 정은주, 최혜연, 한금희, 홍은경 님께 감사를 전한다. 공정무역마을 코디네이터 양성 과정에 참여하고 인터뷰, 정책 간담회, 강의, 세미나 등 다양한 활동의 자리에서 열정과 경험을 나누어주신 분들이 계시지 않았다면 이 책은 탄생하기 어려웠을 것이다.

1　2021년에 '(사)참여하고 행동하는 소비자의 정원'이 '(사)소비자기후행동'으로 단체명을 변경하였다. 본 저서에는 변경 전 단체명과 변경 후 단체명을 혼용하여 사용하였다.

세이프넷지원센터 김대훈 센터장님, 박미정 광명시 사회적경제지
원센터장님의 애정 어린 인터뷰는 아이쿱생협의 공정무역 활동을 이
해하는 데 도움이 되었다. 페루에서 오는 공정무역 바나나를 수입하
고 후숙하는 ㈜진원무역의 김태원 차장님, 코스타리카에서 공정무역
커피 수출을 담당하고 있는 쿠페아그리 알엘 협동조합의 조너선 두란
(Jonathan Duran) 매니저와 엘까페딸의 마르셀라(Marcela) 대표님 덕분
에 아이쿱생협에서 거래하는 생산자단체에 대해 더 깊게 이해할 수 있
었다. 여러분들의 인터뷰가 글쓰기의 바탕이 되었지만 내용을 담을 때
는 특정 개인의 신상이 드러나지 않도록 모두 익명으로 처리했다.

그동안 아이쿱생협에서 펼친 공정무역 교육과 캠페인 현황을 파
악하기 위해서 회원생협 대상의 전수조사를 진행했다. 아이쿱생협에서
공정무역을 시작한 시점부터 현재까지 회원생협들의 공정무역 관련 활
동을 모두 정리해달라는 요청에 과거의 기록을 찾고 정리하는 과정이
쉽지 않았을 텐데 흔쾌히 참여해준 회원생협의 응답자분들께도 감사를
전한다. 그리고 연합회 차원에서 진행한 활동을 정리하도록 도움을 준
세이프넷지원센터 직원들께도 감사를 표한다. 그럼에도 불구하고 이
책에서 미처 다루지 못한 부분들이 있을 것이다. 그것은 전적으로 필
자들의 한계로 앞으로 부족한 부분을 고치고 채워나가도록 노력할 것
이다.

부족한 초고를 읽고 더 나은 글로 발전시키는 데 도움을 주신 (사)
소비자기후행동 김은정 상임대표님, 공정무역위원회 박수진 위원장님
과 홍경숙 소비자기후행동 팀장님, 김아영 성공회대학교 일반대학원
협동조합경영학과 아이쿱펠로우 연구교수님, 이영희 라이프인 사회적
협동조합 이사장님, 장승권 성공회대학교 교수님께 감사를 전한다. 한

권의 책을 만들기 위해 많은 분께 빚을 졌다. 각자의 자리에서 공정무역
을 확산하기 위해 열정을 쏟고 있는 분들과의 인터뷰, 설문, 그리고 자
문이 있었기에 이 책이 출판될 수 있었다. 공정무역 책을 제안하고 책을
집필하는 동안 지원을 해준 (재)아이쿱협동조합연구소에도 감사의 뜻
을 전한다.

2020년 초, (재)아이쿱협동조합연구소의 제안으로 조사와 글쓰기
가 시작되었다. 책을 준비하고 글을 쓰는 2020년은 코로나19의 확산으
로 국내는 물론 전 세계의 많은 이들이 경제적 어려움과 심리적 불안,
신체적 고통을 겪고 있다. '언택트(Untact)'라는 말이 2020년의 핵심 키
워드가 되었듯 사람을 직접, 그리고 자주 만나기 어려운 시간을 보내고
있다. 코로나19로 인해 예상치 못한 사회 변화가 곳곳에서 빠르게 나타
나고 있으며, 가난한 이들은 이러한 상황에서 더 큰 어려움을 겪고 있다
는 보도가 이어지고 있다. 국내보다 보건, 환경, 경제·사회 구조 등 많
은 부분에 있어 취약한 개발도상국의 가난한 이들에게 위기일 수밖에
없다. 책을 집필하는 내내 우리가 이들과 어떻게 연대하여 어려움을 '함
께' 극복할 수 있을지, 또 어떻게 해야 조금이라도 더 나은 삶의 방향을
만들어낼 수 있을지 고민하였다. 이 책을 통해 관계에 대한 사유를 확장
하며 그 길을 찾고 실천하는 데 미약하게나마 도움이 될 수 있기를 바
란다.

그간 한국의 공정무역 제품의 시장 규모가 크지 않고 역사가 오래
되지 않아 공정무역에 참여하는 한국의 생협, 사회적 기업, 재단법인 등
에 대해서 상세하게 다룬 글들이 많지 않았다. 특정 조직의 공정무역 활
동을 논문으로 다룬 경우는 있으나 단행본으로 출판한 경우는 없었다.
앞으로 한국에서 공정무역이 비약적으로 성장하여 공정무역 사업과 운

동을 추진하는 다양한 조직들의 이야기가 출판될 수 있기를 바라며, 이
책이 그 포문을 열기를 소망한다.

—

1부

—

윤리적 소비 실천,
공정무역

—

1장 시작

조합원들의 요구

정제설탕의 유해성 논란은 오래도록 지속되었다. 정제설탕은 사탕수수나 사탕무의 즙을 짜서 얻은 원당에 당 성분만을 남기는 정제 과정을 거친다. 이 과정에 화학물질이 들어가기 때문에 과연 정제설탕이 안전한 식품인가에 대한 우려가 있었다. 아이쿱생협 조합원들 또한 정제설탕에 대한 불안감을 가지고 있었다. 이러한 내용은 2006년, '생협에서 공정무역이 갖는 의미와 방향'이라는 주제로 열린 한국생협연구소(현재 아이쿱협동조합연구소) 제3회 포럼에 잘 드러나 있다. 당시 한국생협연대(현재 아이쿱생협연합회) 물품위원회 김진미 수도권역장이 쓴 글에서 물품위원으로 활동하면서 설탕 유해성을 인식하고 대안을 찾게 되었다는 내용을 볼 수 있다. 이 글에는 가공식품에 대한 첨가물 유해 논란이 계

그림1   한국생협연구소(현재 아이쿱협동조합연구소) 제3회 포럼[2]

속되면서 안심하고 먹을 수 있는 좋은 식품을 소비할 수 있기를 바라는
기대가 담겨 있었다.

　하지만 국내 친환경 농산물의 생산과 소비의 확산에 주력해왔던
생협 내외부에는 국내에서 생산하지 않는 식품을 수입하는 것에 반대
하는 이들이 있었다. 반대 입장을 존중하여 국내 생산자들과의 상생을
우선에 두고, 국내에서 생산되지 않는 물품에 한하여 수입하되 그 방식
을 공정무역으로 하기로 결정한다. 김진미는 생산에 대한 책임을 지는
윤리적 소비자로서 국내 농민들이 정당한 대가를 받아야 하는 것처럼
개발도상국의 농민들에게도 정당한 대가를 지불하는 것이 '소비자의
양심을 바로 세우는 일'이라고 썼다.

　같은 포럼에서 떡을 만들어서 아이쿱생협에 공급하고 있었던 (주)

---

2   SAPENet, 〈'생협에서 공정무역이 갖는 의미와 방향' 토론회 개최〉, 2006.12.5. (http://
      icoop.coop/?p=738003) (검색일: 2020.10.1.)

청복 강석호 대표는 가공생산을 위해 꼭 필요한 원료 중에 설탕이 있는데, 이를 조청으로 대체하기 어렵다고 언급한다. 따라서 국내산 원료로 대체하지 못하는 원료를 공정무역을 통해 해결하는 것은 가공생산자 입장에서도 환영할 일이며, 소비자들의 생활필수품이 되었지만 국산으로 대체할 수 없는 물품들을 공정무역을 통해 소비자들에게 공급하는 것이 생산자와 소비자가 함께 상생할 수 있는 길임을 강조했다. 당시의 상황에 대해서는 관계자 인터뷰를 통해 좀 더 자세히 확인할 수 있었다.

　　설탕은 국내에서 생산되지 못하는 원자재거든요. "설탕 자체가 몸에 좋은 건 아니지만 유기농 원당은 상대적으로 덜 해로운 것 아니냐", "우리의 최종 목표가 물품의 절대 안전이지만 현실에서 최선을 선택하기 어렵다면 차선을 선택해야 한다", "일반 제품들보다 생협 제품들이 상대적 안전성을 갖고 있음을 객관적으로 증명하면서 조합원들한테 동의를 구하고 공감대를 만들어 사업 역량을 쌓아야 한다"라는 논의가 있었죠. 지구력을 갖게 되면 우리가 원하는 (식품의)절대 안전을 확보하는 날이 있을 것이라 생각하면서요.

　　목표는 조합원들에게 최선은 아니지만 차선이라도 설탕을 생협에서 구입할 수 있도록 하는 거죠. 생협에서 판매하는 커피의 경우도 이왕이면 제3세계 사람들을 도우면서 조합원들의 필요에 맞춰 공급하는 것이고요. 조합원들이 생협 물품을 많이 구입하면 그것 자체가 조합에 큰 도움이 되거든요. 생협 안으로 소비를 끌어들이자 싶었죠. 생협에서 장을 본 후에 다시 일반 마트에서 설탕, 커피를 구입하는 불편함이 없어지니까 좋아하는 분들이 많았죠. 그래서 생협이 계속 성장할 수 있었다고 봐요. 당시 우리의 판단이 맞았죠.

　　지금 바나나 소비가 많은데요, 공정무역을 하지 않았다면 우리 조
합원들이 조금 더 저렴한 바나나를 일반 마트에서 샀을 거예요. 물론
국내에서 재배 가능한데 더 저렴하다고 수입품을 가져오면 안 되겠지
만 대체 불가능한 제품이고 조합원이 원하는데 국내 생산이 안 되면
해야 하는 거죠. 생협 매장에 왔다가 또 다시 일반 마트를 찾게 되는
것은 낭비고 비효율적이니까요.

　　국내에서 생산되지 않는 물품의 공정무역 취급에 관한 논의는
2007년에도 계속되었다. 2007년 초 아이쿱생협은 공정무역추진위원
회를 설립하고 조합원들을 대상으로 공정무역에 관한 설문조사를 진행
했다. 정금수 당시 아이쿱생협 공정무역추진위원장은 2008년 아이쿱
생협연구소 2주년 기념 심포지엄 '윤리적 소비의 방향과 실천적 모색:
공정무역을 통한 제3세계 지원과 우리밀 살리기 운동을 통한 식량 자
급률 제고를 중심으로'에서 조합원 설문 결과를 다음 표1과 같이 정리
하여 발표했다.

　　2007년 설문조사에 참여한 아이쿱생협 조합원 대부분이 공정무
역 물품 취급에 찬성하였음을 알 수 있다. 공정무역 물품 취급에 찬성

표1 2007년 공정무역 물품 취급에 관한 조합원 의견

결과	참가인원	비율
찬성	1,349	63%
반대	60	3%
필요시만 한정 공급	173	8%
국내 미생산물만 한정	543	25%
잘 모르겠다	16	1%
합계	**2,141**	**100%**

하거나 국내에서 생산되지 않는 물품에 한정하여 찬성한다는 비율이 전체 응답의 88퍼센트를 차지했다. 정금수는 당시 자료집에 "희망무역, 대안무역, 민중무역 등 여러 용어를 사용하지만 **아이쿱생협은 공정무역이란 용어를 사용하기로 결정하고 인증형과 연대형의 개념을 적절히 혼합하여 공정무역을 추진**"하기로 했음을 밝히고 있다.

아이쿱생협은 설립 이후부터 줄곧 조합원의 필요를 충족하기 위해 노력해왔고, 공정무역의 시작 또한 그 일환이었다. 설탕, 커피와 같은 식품은 이미 소비자들의 생활필수품이 되었지만, 생협은 국내산 식품만을 취급하였기 때문에 조합원들이 이중으로 장을 봐야 하는 상황이었다. 조합원들은 국내에서 생산되지 않아 들여오는 수입식품에도 생협이 지향하는 식품 안전과 생산자와의 건강한 관계가 담기기를 기대했다.

아이쿱생협에서 가장 먼저 취급한 공정무역 물품은 YMCA 동티모르 커피였다. 같은 해 국제공정무역기구(Fairtrade International, FI) 독일 본사를 통해 FLOCERT 및 FLO e.V. 라이선스를 등록한다. 아이쿱생협은 공정무역 시작부터 물품 취급 기준을 정하고 다양한 공정무역 식품류를 인증하는 국제공정무역기구를 통해서 조합원들의 필요를 충족해왔다. 국제공정무역기구의 페어트레이드(Fairtrade) 인증을 받은 카카오를 가공하여 만든 초콜릿을 비롯해 커피, 와인, 바나나 등 다양한 물품을 취급하기 시작했다. 이를 통해 조합원들이 다른 곳에서 수입식품을 사야 하는 **이중 장보기의 불편을 줄일 수 있게 되었다**.

〈알아볼까요?〉 국제공정무역기구와 FLOCERT

국제공정무역기구는 표준, 인증, 생산자 지원, 프로그램 및 옹호 활동을 통해 무역의 혜택을 거래의 당사자들이 보다 동등하게 공유하기 위해 1997년 설립한 비영리, 다중 이해관계자 협회다. 공정무역 제품 인증기구 중 가장 규모가 큰 조직으로 페어트레이드 인증 마크를 붙인

그림2 페어트레이드 로고[3]

3만 개 이상의 제품들이 전 세계에서 판매되고 있다. 3개의 생산자 네트워크와 국가별 19개의 페어트레이드 조직으로 구성된 국제공정무역기구는 페어트레이드 마크를 소유하고 있으며 회원 조직들의 활동을 조정한다. 본사는 독일 본에 있으며, 70여 명의 직원들이 일하고 있다. 구성원들과 인증받은 생산자 조직들은 이사회와 총회를 통해 국제공정무역기구의 의사결정에 참여한다.[4]

FLOCERT는 국제공정무역기구를 위해 공정무역 제품을 인증하는 기관이다. FLO e.V. 라이선스를 등록하면 국제공정무역기구에 의해 페어트레이드 마크 사용 권한이 부여된다.

---

3   Fairtrade International, *About* (https://www.fairtrade.net/about/fairtrade-marks) (검색일: 2020.12.24.)

4   Fairtrade International, *About* (https://www.fairtrade.net/about/fairtrade-international) (검색일: 2020.12.24.)

'윤리적 소비' 행동

윤리적 소비의 의미

일반적으로 소비자의 구매 행위는 좋은 품질의 재화 또는 서비스를 저렴하게 구입하는 것에 초점을 두고 있다고 생각한다. 하지만 이와 다른 모습을 보이는 소비 활동이 종종 눈에 들어온다. 재화의 품질이 뛰어나거나 브랜드 파워가 크더라도 해당 재화를 만든 노동자들이 비윤리적인 노동환경에서 이를 만들었다는 사실을 접하면 구매를 꺼리고, 더 나아가 불매운동을 벌이기도 한다. 때론 일반 제품보다 가격이 더 비싸더라도 환경 친화적인 제품을 구매하거나 개발도상국의 생산자들에게 공정한 가격이 돌아가는 공정무역 제품을 구매한다. 이러한 구매 활동을 윤리적 소비 또는 윤리적 구매 행위라고 부른다. 소비자의 선택이라 할 수 있는 소비를 통해 보다 공정하고 포용적이며 친환경적인 사회구조를 만들어가는 데 실질적인 역할을 하는 것이다. 어느 회사의 제품이나 서비스를 소비하는 것 자체로 사회의 긍정적인 변화에 영향을 미칠 수 있다고 생각하며 소비한다.

사회의 다양한 영역과 직·간접적인 연결 고리를 갖고 있는 소비로 사회가 직면한 문제를 해결하고자 하는 '윤리적 소비'라는 용어가 빈번하게 사용된 것은 비교적 근래의 일이다. 윤리적 소비는 자본주의가 먼저 발달한 선진국에서부터 시작되었다. 이는 기존 소비 활동에 대한 반성에서부터 비롯된 것이다. 시장의 이익 극대화에 집중한 소비 시스템은 소비 활동에서 소비자의 객체화를 가속했다. 다수의 기업들이 이윤 창출을 위해 아동 노동 착취, 무분별한 동물실험, 환경 파괴 등의 문제를 일으켰다. 물론 20세기 초부터 영미권을 중심으로 소비자의 알 권리를 주장하는 소비자 단체들이 등장해 소비자의 합리적인 소비 활동을 돕기 위한 정보 제공 및 교육 활동을 활발히 전개해왔다. 하지만 당시의 소비자 운동은 보다 저렴한 가격으로 양질의 상품을 구입하려는 소비 행위에 집중되어 있었다. 이는 사회 변화 속에 자신의 소비와 사회적 책임을 연결하려는 소비자들의 의식 변화를 충분히 수용하지 못했고, 그래서 기존의 소비자 운동과 다른 흐름이 등장하게 된다. 소비자의 사회적 책임을 실천하는 소비 행동이 그것이다. 소비자의 본격적인 참여가 나타난 것이다. 소수의 비주류 소비자의 움직임이었던 윤리적 소비는 환경 단체 활동에 참여하거나 개발도상국을 돕는 NGO에 직접 기부를 하지 않더라도 친환경, 로컬 제품, 공정무역 등 윤리적 가치를 담은 제품의 소비를 통해 세상이 좀 더 나아지는 데 기여할 수 있다는 인식이 확산되면서 점차 많은 사람들의 호응을 얻게 된다.

윤리적 소비는 소비 활동을 통해 사회, 문화, 환경과 관련된 문제들을 해결할 수 있다는 생각에서 비롯되었다. 윤리적 소비라는 용어는 1989년 영국의 〈윤리적 소비자Ethical Consumer〉라는 잡지에서 소비자들의 '윤리적' 소비 행위를 돕는 가이드라인을 제시하면서부터 대중화되기 시작했다.[5] 윤리적 소비에서 소비자는 시장의 주요 이해관계자로 인식되는데, 이는 윤리적 소비가 개인의 만족을 위한 소비에서 나아가 당면한 사회문제를 소비 활동을 통해 해결하고자 하는 대안적 소비 활동이기 때문이다. 그래서 재화와 서비스 구매에서 소비자 스스로 책임 있는 태도를 갖는 윤리적 소비는 소비자 운동의 하나로 이해된다.

---

5   Wikipedia, *Ethical Consumerism* (https://en.wikipedia.org/wiki/Ethical_consumerism) (검색일: 2021.1.24.)

지난 2019년 영국의 윤리적 소비 관련 소비 지출 규모는 411억 파운드(한화 약 61조 6100억 원)로 조사가 시작된 1999년 이후 가장 높은 수치를 기록했다.[6] 가구당 윤리적 소비 관련 물품 구입 지출은 2018년 기준 1278파운드(한화 약 191만 원)로 1999년 202파운드(한화 약 30만 원)와 비교해 약 6.3배 증가한 규모를 보이고 있다.[7] 윤리적 소비의 성장은 비단 영국에서만 확인되는 것이 아니다. 전 세계적인 흐름이라 할 수 있다.

'윤리적'이라는 개념은 개인의 가치관과 태도로부터 형성되기 때문에 주관적일 수 있다. 윤리적 소비의 첫걸음은 나에게 가장 걱정스러운 문제가 무엇인지를 확인하는 것에서부터 시작된다. 사람에 따라 기후변화나 동물 복지를 가장 중요하게 생각할 수도 있고, 노동의 문제를 가장 중요하게 여길 수도 있다. 각자의 관심사가 다르기 때문에 그 우선순위는 상이하다. 이처럼 개인의 주관적 태도가 소비 활동에 반영된 윤리적 소비는 다양한 스펙트럼을 갖는다. 넓게는 윤리적 소비가 전개되는 국가별 상황과 배경에 따라, 좁게는 개인의 윤리적 소비에 대한 태도에 따라 윤리적 소비를 구분할 수 있다. 연구자마다 윤리적 소비를 바라보는 기준도 다양하다. 예를 들어, 윤리적 소비를 긍정적 구매 행동(윤리적 성격을 가진 상품의 구매)과 부정적 구매 행동(불매운동, 비윤리적 특성을 지닌 상품의 구매 자제)으로 구분하거나 불매운동, 적극적 구매, 제품 및 서

6　Co-operative Group Limited, *Twenty Years of Ethical Consumerism* (https://www.co-operative.coop/twenty-years-of-ethical-consumerism) (검색일: 2020.12.24.)

7　Rebecca Smithers, *UK ethical consumer spending hits record high, report shows*, The Guardian, 2019.12.30. (https://www.theguardian.com/environment/2019/dec/30/uk-ethical-consumer-spending-hits-record-high-report-shows) (검색일: 2020.10.7.)

비스의 충분한 상품 비교 정보를 통한 구매, 생협 등을 매개로 한 관계
적 구매, 지속가능한 구매 등으로 세분화한다.[8]

결국 윤리적 소비는 소비 활동과 관계된 정치·사회·경제·문화
등 전반적인 영역과 맞닿아 있으며, 자연과 환경, 인간, 동물을 모두 고
려한다. 그렇기 때문에 친환경 유기농산물의 생산과 유통, 로컬 소비,
공정무역, 기업의 사회적 책임 등 다양한 이슈들이 윤리적 소비의 맥락
에서 함께 거론된다. 윤리적 소비의 적용 범위가 넓다는 것은 그만큼 일
상생활에서 윤리적 소비의 가치를 적용할 수 있는 영역이 넓다는 의미
이기도 하다.

소비가 필수인 사회에서 어떤 소비를 할 것인지에 따라 소비와 얽
힌 여러 관계를 바꿀 수 있다. 즉 소비는 '투표'와 같은 힘을 갖고 있다.
그렇기 때문에 건강과 안전, 환경, 인권, 노동 문제 등의 변화를 추구하
는 윤리적 소비 실천은 중요하다. 소비에는 나 자신뿐만 아니라 우리 모
두의 미래를 위해 고민해야 하는 사회적 이슈가 깃들어 있기 때문이다.

아이쿱생협의 윤리적 소비

소비자 역할의 중요성이 상대적으로 늦게 부각된 국내에서 윤리적 소
비라는 용어가 처음 제기된 것은 1999년이다.[9] 윤리적 소비가 우리 사
회에 본격적으로 등장한 것은 사실상 아이쿱생협의 호명에서부터 비롯
됐다고 해도 과언이 아니다. 생협은 일찍이 윤리적 소비의 대표적인 영

---

8   이상훈, 신효진,《윤리적 소비》, 한국학술정보, 2012.
9   이정옥,〈세계화와 대안운동의 전개-'생산참여형 소비자운동'사례를 중심으로〉, 사회와역
     사, 1999, 56, 11~43.

역이라 할 수 있는 지역 중심의 친환경 농산물을 주된 사업 영역에 놓고, 소비자 조합원과 생산자 조합원 간 협력을 기반으로 사업을 추진했다. 최근에 생협은 '구매-사용-폐기'라는 소비의 전 과정에서 사회적으로 바람직하다고 이해되는 가치를 중심으로 대안적 소비를 적극 실천에 옮기고 있다. '소비자가 중심이 되는 소비 패러다임'으로의 전환 속에서 생협은 조합원들이 윤리적 소비를 직간접적으로 경험하고 그 의미와 가치를 체험하는 장(場)이 되기에 충분하다.

　　아이쿱생협에서 윤리적 소비라는 단어가 처음 사용된 것은 2006년 한 심포지엄[10]에서였다. 당시 한국생협연합회가 주관한 '우리 쌀 지키기 우리 밀 살리기 소비자 1만인 대회(2005)'의 성과를 바탕으로 소비자와 생산자 간 사회적 협약의 필요성과 가능성을 논의하는 자리에서 이정옥 대구가톨릭대학교 교수는 위기에 놓인 한국 농업을 살리기 위해 소비자의 역할이 중요하다고 강조한다. 즉 '생산을 고려하는 소비자 운동'을 주장하며, 이때의 소비를 '윤리적 소비'로 지칭했다. 또한 생협이 그동안 추진해온 친환경 농산물, 우리밀 소비 등이 이러한 윤리적 소비에 포함되며, 한국 농업을 지키기 위해 생협에서 더 적극적으로 윤리적 소비를 추진할 것을 요구한다.[11] 그동안 생협에 축적된 노하우를 사회적으로 확산할 것을 요구한 것이다.

　　윤리적 소비가 아이쿱생협을 소개하는 익숙한 개념이 된 것은 2008년부터다. 아이쿱생협은 2007년, 1998년부터 공동으로 물류 사

10　　우리 쌀 지키기 우리 밀 살리기 소비자 1만인 대회 추진본부 주최 '위기의 한국농업과 소비자운동의 과제와 역할에 관한 심포지엄'(2006.2.7.)

11　　정원각, 〈아이쿱생협과 윤리적 소비〉,《생협평론》 창간호, 2010.

그림3 '아이쿱생협의 정체성에 대한 토론' 현장[12]

업을 시작한 지난 10년의 활동과 사업을 평가하는 시간을 갖는다. 먼저
2007년 8월부터 12월까지 '아이쿱생협 정체성 연구를 위한 특별위원회'
를 운영하며 협동조합에 대한 기본 학습부터 생협이라는 특화된 분야
에 대한 깊이 있는 연구를 통해 아이쿱생협이 나아갈 방향을 그려보았
다.[13] 그리고 이를 정리한 '아이쿱생협의 정체성에 대한 토론'[14]의 자리
에서 "생협의 소비는 윤리적 소비여야 한다"라는 신성식 당시 자연드
림 대표의 발표로 그동안 아이쿱생협이 조합원과 함께 만들고 실천해
온 소비가 나와 이웃과 지구환경을 생각하는 윤리적 소비였고 앞으로
도 실행해야 할 과제임을 확인했다. 이를 토대로 2008년 1월 정기총회

---

12 SAPENet, 〈한국생협연구소 제7회 포럼〉, 2007.12.21. (http://icoop.coop/?p=1124003)
     (검색일: 2020.12.9.)

13 염찬희, 김현주, 〈아이쿱생협의 성장 시기: 2008년부터 2017년까지〉, 《스무 살 아이쿱:협
     동하는 사람들의 가치와 실천》, (재)아이쿱협동조합연구소, 2018.

14 한국생협연구소(현 아이쿱협동조합연구소) 제7회 포럼 '아이쿱생협의 정체성에 대한 토론'
     (2007.12.20. 배재대학교 학술지원센터)

에서는 '윤리적 소비로 인간다운 삶을!: 아이쿱생협 10주년 기념 선언'
을 통해 "아이쿱생협은 윤리적 소비입니다"라는 정체성 선언을 했다.

iCOOP생협은 10년 전에 소비를 바꾸는 것에서부터 시작하였다.
내 가족을 지키고 싶다는 소박한 바람에서 시작한 식품 안전 활동,
대안 물품 운동이 자연스럽게 농업 지킴으로 이어졌으며, 농업 지킴
은 곧 환경 지킴으로 이어진다는 것을 알게 되었다. 10년 동안 농업
과 환경을 배려한 소비를 확대하기 위해 협동하는 가운데 iCOOP생
협의 조합원, 생산자, 직원은 자신감과 역할을 더욱 강하게 의식하
게 되었다. 그것은 소비 행태를 적극적으로 바꿈으로써 우리 사회의
생산 체제를 마침내 지속가능한 인간적인 생산 체제로 이끌어내는
것이다. **우리 사회의 소비 행태를 바꾸는 활동과 사업! iCOOP생
협은 이를 '윤리적 소비'라 부르고자 한다.**

　'윤리적 소비'란 인간적인 얼굴을 한 소비를 말한다. **윤리적 소
비는 소비자협동조합의 전통을 계승, 발전시킨 개념이다. 즉, 조합
원이 소비자로서 물품을 소비하되 '내가 지불한 대가가 그 물품을
생산한 노동자, 농민이 인간답게 살 수 있도록 정당하게 보상한 것
인가?'를 우선 살피고 아울러 '그 물품의 생산과 유통의 과정이 물
질과 에너지의 순환을 지속가능하게 하는 것인가?'를 배려하는 것
이다.**

아이쿱생협, 〈아이쿱생협연합회총회자료집〉, 2008.

앞서 살펴봤듯이 윤리적 소비의 기준은 국가별 경제 수준과 사회
적 요구 등에 따라 다양한 모습으로 나타난다. 윤리적 소비라는 개념이
익숙하지 않았던 당시 아이쿱생협은 윤리적 소비를 사람과 노동, 식품
안전, 농업과 환경의 3가지 기준으로 정리하며 조합원들의 일상적인 소
비가 궁극적으로 지속가능한 생산의 토대를 지키는 윤리적 생산으로
연결된다고 강조했다. 이를 바탕으로 윤리적 소비를 "아동 착취로 만
들어진 유기농 커피와 초콜릿을 선택하기보다는 유기농은 아니더라도
정상적인 노동으로 만들어진 초콜릿을 선택하는, 사람을 생각하는 소
비 운동, 수입밀 빵을 먹기보다는 우리밀로 만든 빵을 소비하여 우리 농
업, 환경을 지키고, 자신의 건강을 돌보는 현명한 소비 운동"[15]으로 정
의한다.

아이쿱생협은 2009년 7월 윤리적 소비 운동을 선언하고 7가지 실
천 방향을 제시하며 본격적으로 윤리적 소비 운동의 확산을 도모했다.
이 '소비'에는 개인의 필요를 충족하는 수준을 넘어 우리 사회, 나아가
전 세계로 확장하여 소비와 연결된 고리를 이해하고 보다 나은 환경을
만들기 위한 소비를 고민하겠다는 의미가 담겨 있다.

1. 친환경 농산물 소비 확대를 통한 윤리적 생산의 지지 및 지역
   경제에 기여
2. 여성의 일자리 창출과 생협의 자체적인 최저임금 제도의 정립

---

15   아이쿱생협, 〈아이쿱생협연합회총회자료집〉, 2008.

및 정착

3. 불공정한 무역 구조와 부의 편중을 개선하여 공동 발전을 이루는 공정무역 확산

4. 소비자 조합원의 생활 안정을 위한 생활필수품 가격 안정 정책의 실시

5. 자원의 낭비를 줄이고 지구온난화에 대응하는 환경 친화적 사업 체계의 구축

6. 사회적 약자와의 연대와 나눔 운동의 실천

7. 경제 위기의 회복을 위한 사회적, 경제적 대안의 모색과 실천

아이쿱생협, 〈윤리적 소비 선언 공정무역 협약 자료집〉, 2009, 10쪽.

아이쿱생협은 조합원들의 실천을 통해 윤리적 소비를 구체적인 생활 속 운동으로 만들어갔다. 매월 하나의 실천 사례를 발굴하여 조합원의 참여를 독려한 '윤리적 소비 실천 운동'을 예로 들 수 있다. 2010년한 해 동안 진행된 윤리적 소비 실천 운동의 주제를 살펴보면 아이쿱생협이 생각하는 윤리적 소비가 '구매'만이 아니라 소비의 과정인 '사용'과 '폐기'에도 관련되어 있음을 알 수 있다. 소비 행위뿐만 아니라 조합원을 대상으로 한 윤리적 소비 교육과 캠페인, 적극적인 의사소통으로아이쿱생협과 조합원이 윤리적 소비 확산을 위한 주요 당사자로 각자의 역할을 일상 속에서 실천하기를 기대했다고 볼 수 있다.

표2   윤리적 소비 실천 운동(2010)[16]

	주제
1월	냉장고를 비우세요
2월	가족회의를 해보세요
3월	봄맞이 옷장 정리를 해볼까요?
4월	올바른 쓰레기 분리수거
5월	두 발로 두 바퀴로
6월	일주일에 온 가족이 함께 식사를 하는 날은 며칠이나 되나요?
7월	물을 아껴 쓰자
8월	생수 대신 개인 물병과 컵을 가지고 다녀요
9월	종이컵 no, 내 컵 ok!
10월	장바구니 함께 써요
11월	나눔 운동
12월	나눔 운동

　'사람과 노동', '식품 안전', '농업과 환경'이라는 아이쿱생협의 윤리적 소비 각 기준은 대사회적인 차원의 운동과도 연결된다. '식품 안전'의 기준을 확장하여 조합원들은 친환경 무상 급식 운동으로 기초자치단체와 광역자치단체의 급식 조례 제정, 학교급식법 개정과 같은 법제도 개선에 힘쓰는 한편, 학교별 학교 급식 모니터, 운영위원 참여 등의 활동을 통해서 윤리적 소비를 실천해왔다.

　'농업과 환경'이라는 차원에서 시작된 소비 실천 운동에는 우리밀 생산과 소비 안정을 위한 우리밀 소비 운동이 있다. 이는 순천 우리밀축제(2003년~2011년), 우리밀 국수DAY(2013년~)와 같은 조합원 참여 행사는 물론 국내 최초 우리밀 글루텐 개발(2014년)로 이어져 우리 밀의

16　아이쿱생협연합회, 〈2011년 제11차 정기총회 자료집〉, 2011.

1부　윤리적 소비 실천, 공정무역

국내 자급률을 높이는 데 기여하고 있다. 또한 이 기준의 운동은 아이쿱
생협의 생산자들에게 논에 다양한 생물이 살도록 하는 농법을 확산시
켰고, 조합원 활동가들의 적극적인 논습지 연구 활동은 람사르 협약과
생물 다양성 협약에 논을 보전해야 하는 대상으로 선언하는 데 기여
했다.

　한편 (재)아이쿱협동조합연구소는 2008년부터 윤리적 소비의 이
론적 의미를 구체적으로 확인하고, 윤리적 소비의 사회적 확산을 목적
으로 대학생 대상의 윤리적 소비 논문 공모전을 개최하였다. 2009년에
는 논문과 수기로 내용을 확대하여 청소년, 주부들의 참여를 독려했고,
2010년부터는 논문, 수기 외 동영상을 포함하여 윤리적 소비에 대한 일
반의 관심을 제고하고 있다.[17] 윤리적 소비 공모전은 윤리적 소비 실천
의 다양한 사례를 공유하는 역할을 했다.

　2015년에 진행된 아이쿱생협 조합원의 소비생활과 의식에 관한
조사 중 아이쿱생협 조합원 가입 후의 변화를 묻는 설문의 응답에서 윤
리적 소비에 대한 관심이 커졌다는 응답이 두 번째로 높게 나타났다. 가
장 높은 응답은 식품 안전의 중요성에 대한 인식이 높아졌다는 것으로
조합원들의 식품 안전성에 대한 관심사가 윤리적 소비에 대한 이해로
까지 확장되었다고 할 수 있다. 소비가 우리에게 미치는 영향력을 고민
하는 책임소비의 기반이 아이쿱생협 조합원들에겐 탄탄히 쌓여 있다.
윤리적 소비와 만난 조합원의 소비생활은 나와 우리를 둘러싼 일상의
지속가능성에 대한 고민으로 이어진다. 아이쿱생협은 윤리적 소비의

17　아이쿱협동조합연구소에서 주관한 윤리적 소비 논문 공모전은 2013년까지 유지되다가
　　2014년부터는 신진 연구자를 발굴하기 위한 연구 지원 사업으로 변경되어 현재까지 이어
　　지고 있다.

표3 아이쿱생협 가입 후 변화에 대한 응답 순위[18]

설문 문항	빈도(%)
식품 안전의 중요성에 대한 인식이 높아졌다	938 (59.7)
공정무역 등 윤리적 소비에 대한 관심이 높아졌다	**247 (15.7)**
환경과 생태 문제에 대한 관심이 높아졌다	165 (10.5)
협동하는 생활의 가치를 더 알게 되었다	98 (6.2)
우리 농업에 대해 더 알게 되었다	73 (4.6)
변한 것이 별로 없다	32 (2.0)
공공의료, 탈핵, 친환경 무상급식 등 사회문제에 대한 관심이 높아졌다	15 (1.0)
기타	4 (0.3)
합계	**1572 (100.0)**

가치와 의미를 각 회원생협의 조합원 활동에 반영하여 윤리적 소비 운동을 확대해왔다.

윤리적 소비의 중심 '공정무역'

공정무역은 윤리적 소비의 적극적 구매 실천 사례로 언급된다. 공정무역은 시장에서 약자일 수밖에 없는 제3세계 농민들에게 적정한 수입이 돌아갈 수 있도록 함으로써 자립을 돕는다. 이는 소비자의 윤리적 소비 행위로 사회적 책임을 나누는 것이라고 할 수 있다. 공정무역은 아이쿱생협의 윤리적 소비를 보여주는 대표적 활동이다. 또한 아이쿱생협이 추구하는 사회적 가치와 지향을 담은 물품의 특성을 고스란히 담고 있는 것이기도 하다. 아이쿱생협은 마스코바도, 올리브유, 후추, 와인 등

---

18   손범규, 이예나, 〈2015년 아이쿱생협 조합원의 소비생활과 의식에 관한 조사〉, (재)아이쿱협동조합연구소, 2015.

다양한 유형의 물품을 초기부터 본격적으로 취급하여 공정무역을 통한 윤리적 소비 확산에 기여해왔다.

국내에서는 2002년 아름다운가게에서 공정무역 수공예품을 들여와 판매하면서 공정무역이 시작되었다.[19] 이후 커피를 비롯해 초콜릿, 설탕 등 공정무역 식품이 유통되면서 공정무역에 대한 소비자들의 거리가 좁혀진다. 아이쿱생협은 2008년 '착한 초콜릿 주기' 운동 차원에서 산지에서 직접 가공한 카카오 분말과 초콜릿 커버처를 들여와 조합원들에게 공급했다. 생산자와 소비자 모두에게 혜택이 돌아가는 동시에 환경 및 사회 발전에 기여하는 모델을 공정무역을 통해 강화하고자 한 것이다.

2009년, 아이쿱생협은 파나이공정무역센터(Panay Fair Trade Center, PFTC)와의 공정무역 협약식과 함께 윤리적 소비 선언식을 진행했다. 당시 아이쿱생협의 관계자는 물론 주한 필리핀 대사관 총영사, 한국YMCA전국연맹 사무총장 등 내빈들이 참여해 공정무역을 통해 대안적인 경제 시스템을 만들어가려는 아이쿱생협의 시도를 응원했다. 아이쿱생협과 PFTC는 공정무역 확산과 상호협력 강화를 위한 협약서를 체결하여 윤리적 소비와 생산을 촉진시키기 위해 양국에서 공정무역의 의미와 사회·경제적 가치를 대중들에게 널리 알릴 것을 약속했다. 한편 함께 진행된 윤리적 소비 선언을 통해서는 나와 이웃과 지구환경을 생각하는 생산과 소비 체계를 확대·강화하겠다는 의지를 다졌다.

---

19 아름다운가게, 〈아름다운커피의 비밀〉 (https://3.ly/a8YRN) (검색일: 2021.1.21.)

그림4 아이쿱생협-필리핀 PFTC 공정무역 협약식(2009)[20]

　　아이쿱생협은 국내외 공정무역단체(Fair Trade Organization, FTO)
와의 연대 활동을 통해 윤리적 소비 운동을 확산하겠다는 목표를 세우
기도 했다.[21] 여기에는 공정무역으로 제3세계 생산자에 대한 원조가 아
닌 지속가능한 발전 기반을 마련하겠다는 의지가 담겨 있다. 아이쿱생
협의 조합원들은 아이쿱생협이 추구하는 가치와 신념에 동의하고 이에
참여하였다. 즉 아이쿱생협의 공정무역은 윤리적 소비라는 대안의 구
체적인 실천 사례이며 윤리적 소비 확산의 플랫폼인 것이다.

통합적 접근에 기반한 공정무역 모델 형성

1980년대부터 본격적으로 공정무역(Fair Trade)이라는 용어가 사용되
면서 무엇을 공정무역이라고 할 것인가에 대한 국제적인 합의도 시작

20　김태연, 〈필리핀 공정무역 마스코바도 생산공장 착공식〉, SAPENet, 2010.12.10. (http://
　　sapenet.net/?p=3977003) (검색일: 2020.12.28.)

21　아이쿱생협, 〈아이쿱생협연합회 2008년 제8차 정기총회 자료집〉

그림5   공정무역 소개 리플렛(2009)[22]

되었다. 아이쿱생협의 공정무역은 윤리적 소비 실천의 일환으로, 국제
적으로 진행되고 있는 공정무역의 흐름과 맥을 같이하면서 전개되어왔
다. 하지만 공정무역에 참여하는 단체나 협동조합, 그리고 기업들이 모
두 같은 방식으로 공정무역을 실천하는 것은 아니다. 공정무역은 조직
의 특성과 운영 방향이 국제적으로 형성된 공정무역 제도와 상호작용
하면서 다양한 방식으로 실행된다. 아이쿱생협은 공정무역 식품을 취
급하기 위해 초기부터 국제공정무역기구에 가입했고, 페어트레이드 인
증을 받은 생산자단체들로부터 대부분의 식품을 수입하고 있다. 국제
공정무역기구는 설탕, 커피, 바나나, 차와 같은 공정무역 식품을 인증
하고 있으며, 많은 생산자단체가 참여하고 있어 생산자단체 발굴에 용

이하다. (주)쿱무역은 국제공정무역기구의 인증을 받은 생산자단체들 중에서 아이쿱생협의 물품 정책에 부합하는 품질을 갖추었으며 충분한 수량 확보가 가능한 생산자단체를 찾아서 거래해왔다. 그렇다고 원칙적으로 국제공정무역기구 인증 제품만을 취급하는 것은 아니다. 처음 거래를 시작했던 동티모르 커피의 경우 비인증 제품이었으며, 세계공정무역기구(World Fair Trade Organization, WFTO) 가입 단체들과도 거래를 해왔다. 신규 공정무역 물품을 찾을 때는 세계공정무역기구, 페어포라이프(Fair for Life), 나투르란트페어(Naturland Fair) 등 다양한 공정무역 인증 제품을 포함하여 비인증 제품까지, 물품 선택의 가능성을 열어두고 탐색한다. 페어트레이드 인증 제품을 주로 취급하지만 다양한 공정무역 인증 제품과 비인증 제품 취급 가능성도 열려 있는 것이다.

이러한 접근은 공정무역 운동에서도 드러난다. 아이쿱생협은 한국공정무역협의회를 결성할 때부터 공정무역단체들과 연대 활동을 함께 해왔다. 최근에는 마을운동을 심사하고 지원하는 한국공정무역마을위원회와 지역별로 공정무역마을운동을 추진하는 지역별 공정무역협의회에 참여하면서 그 어떤 조직보다 적극적으로 공정무역 활동을 펼치고 있다. 아이쿱생협이 회원으로 참여하고 있는 한국공정무역협의회는 2015년에 세계공정무역기구에 가입하여 국제적으로도 활동하고 있다.[23]

---

23   (사)한국공정무역협의회는 2012년 설립되어 공정무역단체들, 생협, 지역공정무역협의회 등이 모여 공정무역의 발전을 위한 공동의 목소리와 연대를 강화하기 위한 다양한 활동을 하고 있는 사단법인이다((사)한국공정무역협의회, 〈연혁〉(http://fairtrade.or.kr/sub/n_sub0103.php) (검색일: 2020.10.1.)).

표4 국제공정무역기구와 세계공정무역기구

	국제공정무역기구 Fairtrade International	세계공정무역기구 World Fair Trade Organization
설립 연도	1997년	1989년
특징	• 공정무역 제품을 생산하고 가공하고 판매 하는 협동조합, 무역업체, 기업 등이 참여 • 공정무역 제품을 인증하는 기구 중에 가 장 규모가 큼	• 공정무역을 조직의 사명으로 하는 생산자 단체, 가공 및 판매 단체, 네트워크나 지 원 기구 포함 • 최근에 조직을 인증하는 개런티 시스템을 도입
역할	• 공정무역 제품의 소비를 확산하여 생산자 에게 더 많은 이익이 돌아가도록 하기 위 해 공정무역의 주류화 추진	• 공정무역을 하는 회원 조직들의 글로벌 커뮤니티
참여 조직 규모	• **1707개 생산자 조직에서 인증 참여** **(2018년)** • 73개국 170만여 명의 농부와 노동자가 참여	• **76개국 400여 개 회원 조직 참여** • 96만 5700명의 생계에 관여
시장 규모	• 13조 원(2018년)	• 약 1조 원(2018년)
주요 품목	• 바나나, 카카오, 커피, 차, 면화, 꽃, 설탕 등 농산물 중심	• **수공예 70%**
출처	Fairtrade International 2018-2019 연 차보고서[24]	World Fair Trade Organization 2018 보고서[25]

　기존의 공정무역 관련 연구에서는 자본주의 시장구조를 바꾸기 원하는 공정무역단체들이 가입되어 있는 세계공정무역기구를 중심으로 한 급진적 접근과 자본주의 시스템을 조금 더 나은 방향으로 바꾸려는 국제공정무역기구 중심의 실용적 접근 사이에서 협력보다는 경쟁과 갈등이 나타나는 측면을 다루고 있다.[26]

24　Fairtrade International, *Annual Report 2018~2019* (https://files.fairtrade.net/publications/2018-19_FI_AnnualReport.pdf) (검색일: 2020.8.1.)

25　WFTO (https://wfto.com/sites/default/files/WFTO%20Factsheet%20October%202018_1.pdf) (검색일: 2020.8.1.)

하지만 아이쿱생협은 공정무역 사업과 활동의 실천에 있어 다양한 접근을 별다른 갈등 없이 수용하고 있다. 앞서 설명했듯 사업적으로 페어트레이드 인증 물품을 주로 취급하고 있지만 비인증 및 다른 공정무역 인증 제품에도 개방적이다. 한국공정무역협의회, 한국공정무역마을위원회, 지역별 공정무역협의회에 참여하면서 다양한 공정무역단체, 시민단체들과 함께 활동하며, 활동가들은 조합원과 비조합원을 대상으로 공정무역 교육과 캠페인을 추진한다. 사업적으로는 공정무역 품목의 다양화, 안정적 공급으로 공정무역 소비를 확장해왔다. 이러한 공정무역 소비 확산은 개발도상국의 공정무역 생산자 공동체의 발전으로 이어진다. 아이쿱생협은 이와 같이 적극적으로 공정무역 사업과 운동을 실천하면서 국제적으로 전개되고 있는 공정무역의 다양한 실천을 통합하는 접근을 해왔다.

그림6   통합적 접근에 기반한 공정무역 모델 형성

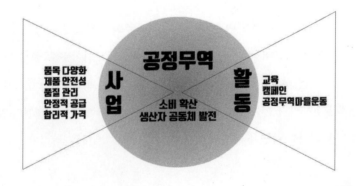

---

26   Hutchens, A., *Changing Big Business: The globalisation of the fair trade movement*,
      Edward Elgar Publishing, 2009

〈알아볼까요?〉 국제공정무역기구와 공정무역 주류화

국제공정무역기구의 역사와 현황

1945년, 제2차 세계대전이 끝난 후 유럽과 북미에는 식민지 지배
와 전쟁으로 폐허가 된 아프리카, 아시아, 중남미 국가들에 대한 부
채의식이 존재했다. 이를 덜어내기 위한 움직임의 하나로 유럽과 북
미의 여러 자선 단체들이 개발도상국의 수공예품을 수입하여 자국
에 판매하기 시작했다. 일반적으로 자선 단체들은 상업적으로 운영
되지 않고 자원봉사자의 참여에 의존했으며, 수공예품의 품질에 대
한 관리나 통제도 거의 없었다. 곤경에 처해 있는 절박한 생산자들
을 돕는 것이 활동의 중심이었다. 이러한 이유로 초기 공정무역 활
동은 자선이나 선의의 거래라는 특징을 보인다.[27]

    1970~1980년대 들어 공정무역에 참여하는 단체들이 늘어
나기 시작했는데 농산물, 특히 커피가 월드숍(World Shops)을 통
해 판매되기 시작했다. 이 시기에 대안무역단체(Alternative Trade
Organizations, ATOs)가 등장한다. 선진국의 대안무역단체들과 개
발도상국의 생산자들 사이에 파트너십과 책임감이 형성되었는데,
대안무역단체들은 개발도상국과 연대한다는 동기를 가지고 있었고
이러한 실천을 연대무역(solidarity trade)으로 풀어갔다.[28] 여기에는

---

27   Tallontire, A., *Partnerships in fair trade: reflections from a case study of Café Direct*, Development in practice, 10(2), 166~177, 2000

28   Low, W., Davenport, E., *Organizational leadership, ethics and the challenges of marketing fair and ethical trade*, Journal of Business Ethics, 86(1), 97~108, 2009

기존 원조 방식에 문제의식을 가지고 **개발도상국의 생산자와 노동자들이 경제활동을 통해 경제적 자립과 공동체의 발전을 이루어나가야 한다는 접근**이 확인된다. 대표적으로 영국의 옥스팜(Oxfam), 유럽 전역에 생겨난 월드숍 등을 들 수 있다. 하지만 좋은 의미에도 불구하고 공정무역으로 들어온 제품의 판매량이 적어서 생산자에게 큰 영향을 미치기는 어려운 상황이었다.

이러한 문제를 인식한 네덜란드 출신의 가톨릭 노동사제 프란시스코 판 더르 호프 보에르스마(Francisco Van der Hoff Boersma)는 친구 니코 로전(Niko Roozen)과 1988년에 막스 하벨라르(Max Havelaar)라는 공정무역 마크를 개발한다.[29] 이 아이디어는 유럽 전역으로 확산되어 국가 인증 이니셔티브(initiative)들을 탄생시켰다. 1997년에는 17개의 국가 인증 이니셔티브가 모여서 FLO(Fairtrade Labelling Organizations, 현재 국제공정무역기구)를 구성한다.[30]

공정무역 제품에 마크를 붙이는 방식이 도입되면서 일상생활에서 쉽게 공정무역 제품을 이용하거나 구매할 수 있는 주류화(mainstreaming)가 가능해졌다. 민간 인증기구들이 인증 기준에 부합하는 공정무역 제품에 마크를 붙이는 방식을 사용하게 되면서 다국적기업, 대규모 프랜차이즈들이 공정무역에 참여할 수 있는 문이 열렸다. 이제 사람들은 공정무역 마크를 통해 어디서든 쉽게 공정무

29   Van der Hoff Boersma, F., *Manifesto of the Poor: Solutions Come from Below*, Just Us! Centre for Small Farms, 2012

30   Nicholls, A., Opal, C., *Fair trade: Market-driven ethical consumption*, Sage, 2005

그림7 막스 하벨라르 마크[31]

역 제품을 인지하고 구매할 수 있다. 윤리적 소비의식을 가진 소비자들이 공정무역 제품 구매에 적극 참여할 수 있게 된 것이다. 영국은 전 세계에서 공정무역 제품을 가장 많이 소비하는 국가로, 공정무역 제품에 대한 소비자들의 요구에 대응하기 위해 여러 기업들이 공정무역 제품을 개발·판매하면서 공정무역 주류화를 추진해왔다. 이는 공정무역 제품 생산에 참여하는 개발도상국의 생산자들을 증가시켰으며, 생산자단체의 발전에도 기여했다.

국제공정무역기구의 보고서에 따르면, 2018년 기준으로 1707개 생산자 조직에서 170만여 명의 농부와 노동자들이 공정무역 제품 생산에 참여하고 있다. 2017년, 국제공정무역기구는 생산자들에게 2640억 원 규모의 공동체발전기금(Fairtrade Premium)을 지급했다.[32] 생산자단체에 평균 약 1억 6000만 원의 공동체발전기금이 지급되었다. 공정무역 인증을 받은 플랜테이션의 노동자들은

31 Fairtrade Max Havelaar, *Wie alles begann* (https://www.maxhavelaar.ch/was-ist-fairtrade/max-havelaar/geschichte) (검색일: 2020.10.1.)

32 약 1억 8880만 유로로, 환율을 1400원으로 계산했다.

공동체발전기금의 50퍼센트를 교육과 주거 개선을 위해서 사용하고 있는 것으로 확인된다. 소농 조직의 경우 공동체발전기금의 50퍼센트를 현금 지불뿐 아니라 농기계 구입 등 생산 투자를 위해서도 사용하였다. 공정무역 인증을 받은 생산자단체는 꾸준히 증가하고 있다. 2013년 1210개였던 공정무역 인증 생산자단체는 2017년 1599개로 증가했다. 공정무역에 참여하는 농부와 노동자도 2013년 약 150만 명에서 2017년 170만여 명으로 증가했다.[33]

국제공정무역기구 인증을 받은 공정무역 제품의 판매 규모도 해마다 증가하고 있다. 2012년에는 48억 유로였으나, 2018년에는 98억 유로(한화 약 13조 원)로 2배 가까이 성장했다.[34] 공정무역 제품의 판매가 늘어남에 따라 공정무역에 참여하는 생산자단체와 생산자 및 노동자의 수가 증가했다. 생산자단체에 지원하는 공동체발전기금도 2012년에는 0.86억 유로(한화 약 1130억 원)였으나, 2017년에는 1.89억 유로(한화 약 2640억 원)로 2배 이상 증가했다.[35]

국제공정무역기구는 기존의 **자본주의 시장 시스템에서 사용하던 방식에 공정무역 원칙을 적용하여 기존의 시장을 더 공정하게 만드는 전략을 사용**해왔다. 이를 통해 1997년 설립 후 20여 년간 공정무역 시장 규모의 확장, 생산자단체의 참여 증가 등에 있어

---

33 Fairtrade International, *Monitoring the scope and benefits of Fairtrade: overall monitoring Report 10th Edition*, 2019

34 Fairtrade International, *An overview of our impact* (https://www.fairtrade.net/impact/overview) (검색일: 2020.8.1.)

35 같은 글.

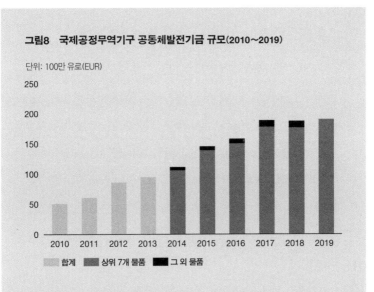

그림8   국제공정무역기구 공동체발전기금 규모(2010~2019)

단위: 100만 유로(EUR)

놀라운 성과를 만들었다. 이러한 성공은 대기업, 다국적기업 등 일반 기업의 공정무역 참여를 촉진하여 공정무역을 주류화해온 전략 속에서 이루어진 것이다. 이렇게 공정무역 제품 소비가 확장되면서 공정무역 제품 생산에 참여하는 생산자와 생산자단체가 늘어났고 생산자단체에 돌아가는 공동체발전기금도 증가할 수 있었다.

국제공정무역기구의 제품과 유통 인증 과정

공정무역 인증에는 여러 가지가 있다. 공정무역 제품임을 인증하는 국제공정무역기구의 페어트레이드 인증부터 공정무역을 실천하는 조직에서 생산했다는 것을 증명하는 세계공정무역기구의 보증 시스템, 공정무역 제품인 동시에 유기농 제품임을 증명하는 나투르란트페어, 페어포라이프 등 다양한 공정무역 인증이 존재한다. 이처럼 공정무역 인증마다 차이가 있지만 공통적으로 모두 독립된 민간 기구에서 공정무역 인증을 실시하고 있다. 국제공정무역기구 인증의 경우 커피, 바나나 같은 단일 품목의 생산 농장부터 소매점까지 추적이 가능하다는(traceable) 특징을 보인다. 최근에는 초콜릿 같은 가공식품에도 인증이 사용되기 시작했다. 가공식품 인증을 받기 위해서는 공정무역 인증이 가능한 원료를 전부 인증받아야 할 뿐만 아니라 전체 원료 중 공정무역 원료가 최소 20퍼센트 이상 포함되어야 한다.

하지만 2014년부터 소싱 프로그램 마크(Sourcing Program Mark)가 도입되면서 가공품 중 카카오, 설탕, 바닐라 등 공정무역 원료가 포함되는 제품, 즉 일부만 공정무역 원료를 사용한 제품에도 소싱 프로그램 마크를 부착할 수 있게 되었다.[36] 국제공정무역기구는 생산자들로부터 공정무역 판매 증가를 위한 다양한 선택지가 도입될 필요가 있다는 요청을 다수 받았다. 새롭게 도입한 소싱 프로그램 마크는 기업들이 가공식품 생산 시 일부라도 공정무역 원료를 사용하도록 하여 생산자들에게 공정무역 제품을 더 많이 판매할 수 있는 기회를 만들어주었다고 밝히고 있다.[37]

국제공정무역기구는 공정무역 표준 수립 시, 농부와 노동자가

---

36   Fairtrade International, *The FAIRTRADE Mark* (https://www.fairtrade.net/about/fairtrade-marks) (검색일: 2020.8.1.)

37   Fairtrade International, *Fairtrade products and Ingredients* (https://www.fairtrade.net/about/products-and-ingredients) (검색일: 2020.8.1.)

그림9 국제공정무역기구 공정무역 소싱 프로그램 마크

공정무역을 통해 지속가능하고 안정적인 생계를 꾸려갈 수 있도록 하는 측면에서 **총체적**(holistic) **접근**을 한다. 국제공정무역기구는 공정무역의 **경제적, 환경적, 사회적 표준을 설정**하였으며, 점진적으로 그 기준을 높이고 있다. 표준의 내용을 살펴보면 다음과 같다. 우선 경제적 표준에 따르면 공정무역 최저 가격과 공정무역 공동체 발전기금이 포함된다. 장기적인 거래 관계 형성이 요구되며, 생산자에게 제품을 전달받기 전 물품 대급을 선지급하여 생산 운영의 안정화를 도울 필요가 있다. 환경적 표준은 수자원 및 폐기물에 대한 책임 있는 관리, 생물 다양성 및 토양 보존, 살충제 및 농약 사용 최소화의 기준이 언급되며, 생태적·농업적으로 건강하고 지속가능한 생산의 유지가 강조된다. 또한 유해 물질과 모든 유전자변형농산물(Genetically Modified Organisms, GMO)의 사용을 금지하고 있다. 유기농 인증을 강제하지는 않지만 권장하고 있으며, 공정무역 방식으로 생산된 유기농 식품에 더 높은 가격을 지불한다.

마지막으로 사회적 표준에 따라 소규모 생산자들이 협동조합

형태로 조직을 구성하여 민주적으로 조직을 운영하고 의사결정에 직접 참여하며 차별을 금지하고 투명성을 확보할 것이 요구된다. 플랜테이션의 경우 차별 없는 고용, 법적 또는 지역 최저 임금과 동일하거나 더 높은 임금의 지급, 결사의 자유 및 노동자 단체 교섭 권리 보장을 요구하고 있다. 또한 노동자의 안전과 건강 보장을 위한 보호 장치 제공, 노동자 스스로 공동체발전기금을 관리할 것이 요구된다. 강제 노동 및 아동 노동은 공정무역 표준에 따라 엄격히 금지한다. 인증 기준이 충족되지 않는 생산자단체에게 시정을 요청하고, 제대로 시행 조치가 이뤄지지 않을 경우 인증을 취소하거나 정지하기도 한다.[38]

국제공정무역기구 인증은 생산자들이 공정무역 가격에 따라 거래하고 공동체발전기금을 받는 것을 포함하여 생산자, 무역업체 등 공급사슬[39]에 참여하는 조직들이 경제적, 사회적, 환경적 표준을 준수하는지 확인한다. 국제공정무역기구 인증은 FLOCERT에서 담당하고 있는데, FLOCERT는 독립적으로 투명하게 일관된 인증 시스템을 세계적으로 관리·운영하며 국제 품질 표준인 ISO 17065에 따라 인증을 진행한다. 다만 호주, 뉴질랜드, 캐나다 및 일본의 경우

---

38 Fairtrade International, *How Fairtrade differs from other labels* (https://www.fairtrade.net/about/how-fairtrade-differs) (검색일: 2020.8.1.)

39 공급사슬은 최종 제품이 소비자에게 전달되는 생산과 유통을 포함하는 모든 과정의 네트워크로서 원재료와 부품 공급, 제조, 생산, 제품 수집, 창고 저장, 주문 및 물류 추적, 배송, 최종 소비자 인도의 전 과정을 포함한다(Sanders, Nada R, *Supply chain management: A global perspective*, Wiley Global Education, 2020).

에는 국가별로 해당 나라에 있는 국제공정무역기구에서 해당 국가의 무역업체를 인증한다.[40]

　　FLOCERT는 국제공정무역기구의 요구 사항(Requirements for Assurance Providers)을 준수하며 국제공정무역기구 이사회에 보고하는 감독위원회(Oversight Committee)의 모니터링을 받는다. FLOCERT는 국가 및 지역에 기반을 두고 현지의 문화나 언어, 법률 시스템에 익숙한 일정 자격을 갖춘 감사관을 보유하고 있다. 모든 감사관은 자신의 관련 기술을 시험을 통해 입증해야 하며, 국제공정무역기구의 요구 사항을 매년 교육받아야 한다. 감사관의 역량, 질, 신뢰성과 심사 공정성의 보장을 위해 감사관을 정기적으로 순환 이동 시킨다. 감사 수수료는 인증기구에서 전적으로 지불하며, 투명성 확보를 위해 감사 보고서는 완전히 문서화하여 관리한다.[41]

　　국제공정무역기구는 생산자부터 무역업체까지 공급사슬 단계에 참여하는 조직 모두를 감사한다. 모든 생산자단체는 공정무역 인증 제품 판매 전, 초기 현장 감사를 거친다. 감사관이 생산자단체 현장에서 보내는 시간은 생산자 조직의 규모, 공정무역으로 판매하려는 인증 제품 수 등에 따라 따르다. 공정무역 생산자단체는 소수의 소농들이 모여 있는 소규모 협동조합부터 수백 명의 노동자가 참여하는 플랜테이션, 그리고 수천 명의 생산자들이 모여 있는 대규모

40　Fairtrade International, *How Fairtrade certification works* (https://www.fairtrade.net/about/certification) (검색일: 2020.8.1.)

41　같은 글.

협동조합까지 다양하다. 감사관의 생산 현장에 대한 물리적인 감사후, 감사 보고서가 FLOCERT에 전달되면 보고서에 언급된 모든 부적합 사항이 수정된 후에야 비로소 인증 여부를 결정한다. 초기 인증을 받은 생산자단체는 3년마다 인증 갱신을 위한 심사를 받아야한다. 그 3년 사이 생산자단체의 상황에 대한 FLOCERT의 평가에따라 최대 2회의 확인 감사가 진행된다. 이때 조직의 일반 데이터평가뿐 아니라 공정무역 대금 지급과 공동체발전기금도 확인한다. 정기적 감사 외에도 단체가 인증 범위를 확장하거나 제품 또는 국가별로 위험 징후가 있는 경우 FLOCERT는 언제든지 사전 고지 없이감사를 수행한다.[42]

　국제공정무역기구는 공정무역 인증을 받으려는 생산자단체뿐아니라 공정무역 제품을 거래하려는 무역업체도 인증한다. 공정무역 제품을 거래·판매하려는 업체의 경우 감사가 진행되기 전, 문서상의 평가로 9개월간 임시 거래 허가를 받는다. 이 기간 동안 공정무역 감사를 받을 수 있는 이력을 쌓을 수 있으며, 생산자는 새로운구매자를 만날 수 있는 기회를 얻는다. 첫 번째 감사에서 감사관은공정무역 표준에 따라 공정무역 거래가 이루어졌는지 확인한다. 인증 주기 및 감사 패턴은 무역업체와 소매점에도 동일하게 적용된다.[43]

　결론적으로 국제공정무역기구의 공정무역 인증은 공정무역 제

42　같은 글.
43　같은 글.

품을 생산하는 생산자단체부터 공정무역 제품의 매 유통 단계에 참여하는 모든 업체들이 표준을 따르는지 여부를 감사하는 전체적인 인증 시스템이다. 이를 통해 공정무역 생산 과정뿐만 아니라 유통 과정에서도 공정무역 표준이 잘 준수되고 있는지를 확인할 수 있다. 그렇기 때문에 소비자들은 공정무역 마크를 통해 제품에 대한 신뢰를 확보하고 소비를 할 수 있다. 이러한 접근으로 인해 국제공정무역기구는 전 세계적으로 공정무역 시장 규모를 키워왔으며, 개발도상국 생산자들이 더 많이 공정무역에 참여할 수 있는 기회를 제공했다.

하지만 이러한 접근은 개발도상국에서 어느 정도 발전을 이뤄낸 협동조합이나 플랜테이션의 경우에만 참여 가능한 구조로, 열악한 환경에 처해 실제 도움이 필요한 소농들은 사실상 참여가 불가능하다는 비판을 받기도 한다. 개발도상국의 소농들은 인증 비용 부담이 쉽지 않으며, 국제공정무역기구에서 제시하는 기준을 따를 수 있는 충분한 역량을 갖추지 못한 경우가 많기 때문이다. 이러한 한계를 보완하기 위해 선진국 정부와 공정무역단체 및 국제 비영리 조직 등의 국제 개발 협력 자금을 통해 개발도상국의 협동조합들이 공정무역 제품 인증 및 기타의 국제 인증을 받도록 지원하고 있다. 인증 과정에서 생산자단체들은 조직을 재정비하고 수출의 기회를 늘리는 등 판로 다각화의 기회를 갖는다.

공정무역 주류화에 따른 진통[44]

공정무역 제품과 유통 과정을 인증하는 시스템이 정립되면서 식품을 생산하는 플랜테이션과 제조·유통하는 다국적기업 등 관행무역을 해왔던 조직들의 참여가 늘게 되었다. 이러한 조직들이 공정무역에 참여하면서 공정무역의 가치와 원칙이 손상되는 측면을 다룬 연구들이 있다. 영국의 경영학자 밥 도허티(Bob Doherty)를 비롯한 학자들은 영국 공정무역 시장에 참여하는 조직들을 가치사슬 유형에 따라 분류했다.[45] 글로벌 가치사슬은 세계적으로 재화와 서비스를 생산하고 가치를 창출함에 있어 조직들의 거버넌스, 상품과 서비스의 이동, 정보와 기술의 흐름, 가치사슬상의 권력관계를 확인하는 이론으로 공정무역 가치사슬 연구는 2005년에 제레피(Gereffi)를 비롯한 연구자들이[46] 글로벌 가치사슬을 유형화한 연구를 발전시킨 것이다.[47]

공정무역단체 또는 사회적 경제 조직들이 참여하는 가치사슬은 생산자와 소비자가 비교적 직접적이고 강한 파트너십을 갖는다.

44 이 부분에 대한 자세한 내용은 《공정무역 비즈니스와 운동》(2020)의 1장, 〈공정무역의 가치사슬과 주류화〉(장승권·김선화·조수미) 참고.

45 Doherty, B., Davies, I. A., Tranchell, S., *Where now for fair trade?*, Business history, 55(2), 161~189, 2013

46 Gereffi, G., Humphrey, J., Sturgeon, T., *The governance of global value chains*, Review of international political economy, 12(1), 78~104, 2005

47 Reed, D., *What do corporations have to do with fair trade? Positive and normative analysis from a value chain perspective*, Journal of business ethics, 86(1), 3~26, 2009

하지만 일반 유통업체가 참여하는 가치사슬은 기업이 통제력을 행사하면서 공정무역의 가치가 포섭되고 희석되는 문제들이 발생할 수 있다. 예를 들어 사회적으로 물의를 일으킨 기업들이 일부 제품을 공정무역으로 거래할 때, 공정무역의 가치와 원칙을 충실히 실천해왔던 공정무역단체와 협동조합에 오히려 부정적인 영향을 미칠 수 있다. 이를 페어워싱(fair washing)이라고 한다.

다국적기업들은 부분적으로만 공정무역에 참여하더라도 취급하는 공정무역의 양이 많을 수 있다. 이 경우 공정무역 인증기구 등에 여러 가지 요구를 할 수 있다. 또한 인증기구나 가치사슬에 참여하는 다른 조직들을 자신들이 원하는 대로 통제하려 할 수 있다. 이런 경우를 포섭(co-optation)이라고 한다. 포섭이 심화되면 공정무역의 원칙이 희석(dilution)될 수 있다는 우려가 크다. 실제로 생산되는 제품의 원료 일부만을 공정무역으로 취급하는 대기업이 공정무역 인증기구에 공정무역 마크 사용 시 포함시켜야 하는 공정무역 원료의 비율을 낮출 것을 요구했는데 이를 인증기구에서 수용한 경우가 있다.[48]

최근 제기된 또 다른 우려는 공정무역에 참여하는 다국적기업이나 대기업들이 독립적인 제3자 인증을 포기하고 자체 인증 프로그램을 만드는 것이다. 영국의 진보적 일간지 가디언은 2020년 네슬레(Nestle)의 킷캣(KitKat)이 공정무역 인증을 포기한다고 보도

---

48   Jaffee, D., *Fair trade standards, corporate participation, and social movement responses in the United States*, Journal of business ethics, 92(2), 267~285, 2010

했다.[49] 영국의 소매 업체 세인즈버리(Sainsbury's)도 자체 브랜드로 판매하는 차에 대해서 외부의 독립된 공정무역 인증을 받지 않은 '공정하게 거래된(Fairly Traded)'이라는 차를 판매하기 시작했다. 이에 대해 영국의 공정무역 활동가들과 공정무역재단, NGO, 일부 소비자들의 비판이 거셌다.[50] 인증 포기는 오랫동안 공정무역 생산품을 공급하는 생산자 협동조합에 타격을 입힌다. 공정무역으로 제품을 판매하지 못하는 것만이 아니라 더 이상 공동체발전기금을 받지 못하면서 지역사회는 큰 타격을 입을 수 있다.

공정무역이 주류화되는 과정에서 다국적기업, 대기업의 참여가 늘고, 공정무역의 원칙이 훼손될 수 있는 상황이 종종 생긴다. 그럼에도 공정무역 주류화가 생산자들에게 더 많은 혜택을 제공하고, 생산자 공동체가 건강하게 발전할 수 있도록 기여했다는 사실을 무시할 수 없다. 흥미로운 지점은 국가별로 주류화되는 과정이 동일하지 않다는 것이다. 국가의 사회적·문화적 차이, 시민사회의 발전 방식과 시장의 특성 등 여러 가지 요소들이 복합적으로 상호작용하면서 공정무역 시장이 발전하는 양상이 다르게 나타나기 때문이다. 어

---

49   PA Wire, *'Profoundly disappointing': KitKat cuts ties with Fairtrade*, The Guardian, 2020.6.23. (https://www.theguardian.com/business/2020/jun/23/profoundly-disappointing-kitkat-cuts-ties-with-fairtrade) (검색일: 2020.7.23.)

50   Terry Slavin, *Co-op and Waitrose help boost revenues as Fairtrade Fortnight begins with focus on living wage for banana farmers*, Reuters Events, 2018.2.27. (https://www.reutersevents.com/sustainability/fairtrade-shrugs-sainsburys-controversy-7-growth-sales) (검색일: 2020.7.23.)

떤 조직들이 주류화를 해나가는가에 따라서도 공정무역 주류화로 인해 발생하는 부작용이 최소화되기도 한다.

건강한 공정무역 주류화를 향한 길

캐나다에서 공정무역과 사회적 경제를 연구하는 리드(Reed)는 공정무역 가치사슬을 연구하면서 참여 주체에 따라 가치사슬이 달라짐을 강조했다. 공정무역은 광범위한 사회운동의 하나로 국제 무역 시스템을 개혁하려는 목적을 가지고 있다. 제품 인증 시스템이 구성되기 전, 공정무역 가치사슬에는 다국적기업 등 관행무역을 하는 기업들의 참여가 없었다. 가치사슬은 전적으로 사회적 경제를 기반으로 했다. 리드는 사회적 경제 조직들과 관행무역을 하는 기업들이 구성하는 가치사슬은 기본적으로 그 목표에서 차이를 보인다고 설명한다. 전통적인 기업들이 구성하는 가치사슬은 주주들의 이익 극대화를 지향하지만, 사회적 경제 조직들이 구성하는 공정무역 가치사슬은 소규모 생산자들에게 주어지는 가치를 최대화하는 사회적 목표를 지향해왔다. 특히 소규모 생산자들을 임파워링(empowering)하는 것을 중시한다. 사회적 경제 조직들이 구성하는 공정무역 가치사슬은 관계적 형태의 가치사슬로서 연대와 사회정의의 가치에 기반한다.

2009년 리드의 논문에서 정리한 분류를 다음과 같이 적용해볼 수 있다. 예를 들어, 공정무역 바나나를 생산하는 페루의 앱보사로부터 (주)진원무역을 통해 아이쿱생협과 같은 협동조합에서 공정무역 바나나를 수입하는 경우, 비록 수입과 후숙을 (주)진원무역에서 담당하더라도 공정무역 가치사슬상에서 생산과 유통·판매를 협동 조합이 담당하기 때문에 사회적 경제가 우세한 유형에 해당한다. 이 경우 공정 가격, 공동체발전기금의 지불, 별도의 공정무역기금 지원 등의 방식으로 생산자 협동조합과 연대하며 사회정의에 기초한 관계를 형성한다. 반면, 이윤 극대화를 추구하는 다국적 기업에서 판매되는 바나나의 일부를 공정무역 인증 바나나로 취급할 것을 결정하고, 공정무역 바나나를 생산하는 협동조합과 거래 관계를 형성하는 경우, 다국적 기업은 자사를 중심으로 가치사슬 전 단계를 통제하려는 경향을 보일 수 있고 이때 공정무역이 지향하는 가치가 훼손될 수 있다.

공정무역은 소농, 즉 시장에서 취약한 행위자들을 위하여 시장의 권력관계를 재편하려는 노력이다.[51] 이러한 목적 달성을 위해 거래 과정에서 안정적인 물품 가격을 책정하고, 공급사슬 단계를 줄이거나 또는 직거래를 추구한다. 또한 장기적인 구매 관계를 형성하여 생산자 공동체가 미래를 계획할 수 있도록 돕는다. 민주적으로 조직된 생산자 조직과 무역 파트너십을 형성하고, 이들에게 공동체발전기금을 제공하여 생산자 공동체 스스로 발전을 위한 계획을 세우고 이를 실행하도록 촉구한다. 그리고 필요한 경우에는 생산자 역량 강화를 위한 기술 지원과 유·무형의 지식 제공 등 다양한 지원을 여러

---

51 Hutchens, A., *Changing Big Business: The globalisation of the fair trade movement*, Edward Elgar Publishing, 2009

방법으로 시도한다.

인증 시스템이 등장한 후에도 사회적 경제 가치사슬은 유지되고 있다. 제품 인증에서 담지 못하는 공정무역 수공예품 분야가 있고, 제품 인증 시스템에 참여하지 않는 단체들도 존재한다. 공정무역단체들과 소농들이 인증 시스템에 참여한다고 해서 인증 시스템이 이 관계를 바꾸지는 않는다고 리드는 설명한다. 이러한 가치사슬은 공정무역의 원칙과 가치에 부합한다. 협동조합이나 사회적 기업들을 중심으로 공정무역을 주류화하는 것이 중요하다. 그것이 공정무역의 가치와 원칙의 훼손을 최소화하고, 생산자들에게 돌아가는 이익을 최대화하면서 공정무역을 성장시키는 길이다.

2장 조합원 소비의 힘

가장 많은 공정무역 물품 소비

2018년 전 세계 공정무역 제품의 판매액은 98억 유로(한화 약 13조 원)로, 약 24억 유로(한화 약 3조 원)의 매출액을 보였던 2007년과 비교해 11년 만에 그 규모가 4배 이상 성장했다.[52] 아이쿱생협 또한 빠르게 공정무역 규모가 성장했는데, 이러한 성장이 가능했던 데에는 경쟁력 있는 다양한 공정무역 물품 확대와 공정무역에 대한 조합원들의 높은 관심, 적극적인 참여가 있었다.

　필리핀 파나이 섬의 마스코바도를 조합원들에게 공정무역으로 공

52　Fairtrade International, *2018~19 Annual Report: Choosing a fairer future through trade*, 2019 (https://www.fairtrade.net/library/2018-19-annual-report-choosing-a-fairer-future-through-trade) (검색일: 2020.10.1.)

그림10   2019년 기준 아이쿱생협 공정무역 품목별 매출 비중(%)[53]

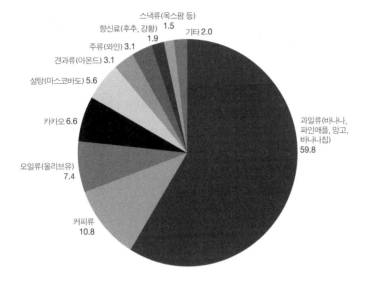

급한 2008년부터 현재까지 아이쿱생협의 공정무역 매출은 꾸준히 성
장해왔다. 2008년 약 4억 5000만 원의 매출 규모를 보였는데 그로부터
11년이 지난 2019년 공정무역 매출액은 약 117억 2000만 원으로 약
26배 성장했다. 공정무역 매출 규모 증가의 배경에는 '공정무역 바나
나'가 있다. 2013년 태국산 바나나를 시범 공급한 뒤 2014년에는 본격
적으로 페루산 바나나를 공급하기 시작했는데 그해 공정무역 매출액은
전년 대비 163.2퍼센트 증가했다(2017년 2월부터 페루산 바나나 공급량을
확대한다). 최근에는 파인애플, 망고, 옥스팜 간식류(초콜릿, 젤리), 에코백
등 다양한 공정무역 품목이 새롭게 추가되었다. 이러한 품목 다양화와
안정적인 공급은 아이쿱생협의 공정무역 소비를 뒷받침하고 있다.

---

53   (주)쿱무역 내부 자료

아이쿱생협 전체 매출에서 공정무역이 차지하는 비중은 조금씩 증가하고 있다. 2008년 0.4퍼센트에 불과했던 전체 매출 대비 공정무역 매출액은 2019년 2퍼센트로 5배 커졌다. 조합원의 필요를 반영한 공정무역 품목들을 지속적으로 발굴한 결과다. 공정무역 매출이 늘어나는 만큼 아이쿱생협과 거래하는 생산자들에게 돌아가는 공동체발전기금도 증가해왔다. 공정무역 소비가 증가한다는 것은 생산자들이 지속적으로 공정무역 생산을 이어갈 수 있다는 것이며, 동시에 생산자들의 삶의 터전인 공동체의 발전을 위해 다양한 투자를 할 수 있다는 것을 의미한다. 그래서 공정무역 규모가 커지고 있다는 사실을 단지 아이쿱생협의 매출이 늘었다는 정도로만 이해해서는 안 된다. 공급의 한 끝에 위치한 소비자의 적극적인 참여가 전체 공급사슬, 특히 생산자단체의 변화를 만들고 있다.

조합원들의 공정무역에 대한 관심과 참여 속에 아이쿱생협의 공정무역이 성장하고 있음은 조합원 1인당 공정무역 물품 구매액 증가로도 확인할 수 있다. 2008년부터 2019년까지 조합비 조합원 수 증감에 따른 1인당 공정무역 물품 구매액을 살펴봤다. 공정무역을 막 시작한 2008년에는 조합원 1인당 연간 약 1만 2000원을 공정무역 물품 구매에 지출했는데, 2019년에는 약 4만 5000원을 지출한 것으로 나타났다. 조합원 1인당 공정무역 물품 구매액이 그동안 약 3.8배 증가한 것이다. 공정무역에 대한 사회적인 인식이 높은 스웨덴의 2019년 1인당 국제공정무역기구 인증 제품 구매액이 433크로나(한화 약 5만 5000원)[54]라는 사

---

54   Ingrid Arinell, *Rekordbelopp till Fairtrade-odlare från svenska konsumenter*, Fairtrade Sverige, 2020.6.8. (https://fairtrade.se/rekordbelopp-till-fairtrade-odlare-fran-svenska-konsumenter/) (검색일: 2020.10.26.)

그림11 아이쿱생협 공정무역 매출과 전체 매출액 대비 공정무역 비중(2008~2019)[55]

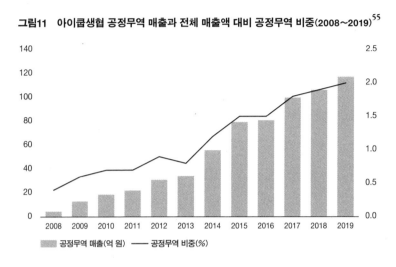

실에 비춰볼 때 아이쿱생협 조합원의 1인당 공정무역 물품 구매액은 결
코 낮지 않으며, 공정무역에 대한 인식과 공감대가 확산될수록 더 성장
할 것이라는 기대를 품게 한다. 이러한 성장에는 공정무역 품목 다양화
를 통해 기존에 공정무역 물품 이용 빈도가 잦지 않았던 조합원들을 새
롭게 유입하는 등 조합원의 입장에서 새로운 필요와 가치를 찾아내고
제안한 숨겨진 노력이 있다. 조합원과 아이쿱생협의 상호작용이 아이
쿱생협이 추구하는, 그리고 공정무역이 담고 있는 가치를 공동 창출하
며 지속적인 결과물을 만들어내고 있는 것이다.

아이쿱생협을 포함해 12개 공정무역단체 회원으로 이루어진 (사)
한국공정무역협의회는 2018년 회원사들의 매출액이 189억 7200만원
이라고 밝혔다.[56] 지난 2016년부터 2018년까지 확인된 한국공정무역
협의회 회원사 매출액에서 아이쿱생협의 매출이 차지하는 비중은 2016

그림12   아이쿱생협 조합비 조합원 수와 조합원 1인당 공정무역 물품 구매액(2008~ 2019)[57]

*1인당 공정무역 물품 구매액은 전체 공정무역 매출액을 조합비 조합원 수로 나누어 계산

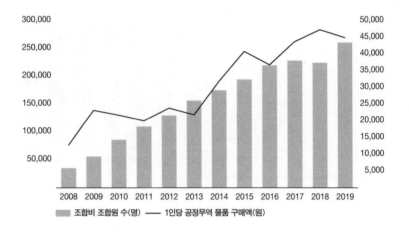

조합비 조합원 수(명)   ——   1인당 공정무역 물품 구매액(원)

년 약 49퍼센트에서 2018년 56퍼센트로 꾸준히 증가하고 있다. 아직 국내 공정무역 시장은 크지 않다. 대중은 소수의 제한된 공정무역 품목만을 취급한다거나 가격이 비싸다고 생각하기도 한다. 그래서 공정무역에 대한 인식을 높이고 다양한 공정무역 물품들을 쉽게 구매할 수 있도록 해온 아이쿱생협의 역할이 중요하다. 이미 경쟁력 있는 가격으로 다양한 공정무역 물품을 개발하여 우리의 일상적인 소비와 공정무역이 충분히 연결될 수 있음을 보여주기 때문이다. 일상의 소비에서 공정무역의 가치와 의미를 확인하기 위해서는 공정무역에 접근하는 문턱이

56   양승희, 〈[공정무역 2019 현주소] ①세계 11조, 한국 400억 원 매출 시장…공정무역 성장기〉, 이로운넷, 2019.5.8. (https://www.eroun.net/news/articleView.html?idxno=5438) (검색일: 2020.10.6.)

57   각 연도별 아이쿱생협 연차보고서

낮아져야 한다. 아이쿱생협은 그 문턱을 낮추기 위해 부단히 노력해왔다. 어떻게 노력해왔는지 자세히 살펴보자.

가장 다양한 공정무역 물품 공급

리서치 전문 기관 엠브레인에서 지난 2009년부터 2016년까지 전국의 만 19세 이상 59세 이하 성인 1000명을 대상으로 진행한 '공정무역 관련 인식 조사'[58]에 따르면 대표적인 공정무역 제품으로 커피에 대한 인지도가 가장 높다. 공정무역 자체에 대한 인지도는 꾸준히 증가해왔는데(2016년 기준 82.7퍼센트), 공정무역 제품에 대한 인지도는 2011년 대비 모든 물품에서 감소하는 경향을 볼 수 있다. 공정무역에 대한 인지가 높아져도 공정무역을 통해 들어오는 제품을 제한적으로 인식할 경우 공정무역 확장 가능성의 폭은 좁아진다. 그래서 공정무역 품목 다양성은 공정무역에 대한 인식과 이해를 끌어올리는 데 중요한 역할을 할 수 있다.

표5 공정무역 제품 인지도[59]

	커피	초콜릿	설탕	코코아	홍차	모름
2011	73.0	45.8	34.1	37.3	24.7	18.5
2013	66.6	36.4	32.9	30.0	23.2	22.3
2014	67.2	36.5	29.9	31.4	26.1	22.4
2015	66.9	35.0	30.4	31.4	21.1	23.8
2016	66.2	38.4	30.3	33.1	22.5	24.0

---

58 '공정무역 관련 인식 조사'는 2009~2016년(2012년 제외)까지 7차례 진행되었다.

59 엠브레인, 〈공정무역 관련 인식 조사〉(https://www.trendmonitor.co.kr/) (검색일: 2020.10.1.)

2019년 기준 아이쿱생협에서 공정무역으로 들여오는 품목은 10가
지이며, 이를 바탕으로 다양한 제품을 생산하고 있다. 물론 아이쿱생협
물품 취급의 공통 원칙을 따르는 동시에 공정무역 취급 원칙과 품목별
세부 원칙을 준수하여 조합원의 필요와 신뢰를 함께 확보하고 있다.

공정무역 취급 원칙[60]

- 국내에서 생산되지 않는 품목, 국내 자급률 3퍼센트 이하로 현
  저히 떨어지는 품목
- 공정무역 원칙에 부합
- 국제공정무역 인증을 취득한 물품
- 아이쿱생협 물품 취급 기준에 부합
- 친환경적인 물품을 우선 취급
- 아이쿱생협의 안전성 검사 기준 준수
- Non-GMO 사용 원칙
- 국내외 공정무역 운동기구와 정보를 교환하며 공정무역 운동의
  보급과 발전에 기여

예외 사항

- 국내에서 생산되더라도 생산량이 소비량에 비해 현격히 떨어지
  거나 공정무역품으로 대체 공급에 대한 조합원 요구가 있을 경

---

60   아이쿱생협, 〈식품안전을 넘어 치유와 힐링(2020년): 물품취급기준〉, 56쪽.

우 취급 가능
- 비인증 공정무역인 경우, 아이쿱생협의 현장 점검 후 취급

지난 2011년 공정무역 도입 5년의 성과를 평가하는 포럼의 내용을 살펴보면 아이쿱생협의 '물품 다양화', '대중적 가격정책', '대중적인 맛'이라는 물품 정책을 통해 조합원 실생활에 필요한 다양한 공정무역 물품들이 개발될 수 있었다는 언급을 확인할 수 있다.[61] 친환경 농산물뿐만 아니라 가공식품, 생활용품에 있어서도 '대안'을 제시해왔던 아이쿱생협의 방향성이 공정무역에도 이어져 쿱무역은 품목 다양화 차원에서 계피칩(베트남, 2016년), 코코넛오일(스리랑카, 2017년), 화장솜(인도, 2018년)을 시범 공급하였다. 2019년에는 시범 공급뿐만 아니라 보다 적극적으로 공정무역 물품의 영역을 확장시켰다. 애플망고, 카카오빈, 디카페인 생두는 물론 팔레스타인 올리브유 선물 세트를 기획 출시하고 옥스팜에서 완제품 형태의 공정무역 스낵류(유기농 젤리, 사탕, 초콜릿)를 들여와 취급하고 있다.

최근에는 인도산 공정무역 에코백 기획 공급으로 식품뿐만 아니라 일상용품으로 공정무역 영역의 확장을 시도했다. 지금은 만날 수 없지만 동티모르의 원두커피 티백(2007년~2011년), 파키스탄 축구공(2008년~2009년), 아르헨티나 엑스트라버진 올리브유(2009년~2011년) 등도 공

61   정금수, 〈아이쿱생협 공정무역 5년의 성과와 과제〉, 아이쿱협동조합연구소 제22회 포럼, 2011.

표6 공정무역 물품 취급 역사

연도		공정무역 물품
2007년	12월	동티모르 공정무역 커피 티백
2008년	1월	초콜릿 공급 시작
	4월	동티모르 공정무역 커피 200g(분쇄, 원두 2종) 파키스탄 FLO 축구공(기획 물품)
	7월	아이스커피 믹스(FLO 인증 공정무역 SD 커피 사용, 콜롬비아)
	8월	자연드림 커피믹스 모카/블랙(FLO 인증 공정무역 FD 커피 사용, 콜롬비아)
	11월	공정무역 초콜릿 58%, 70% 40g 2종 리뉴얼 (콜롬비아) 필리핀 마스코바도(FLO 인증) 코코드림(코코아차, 콜롬비아)
	12월	공정무역 인스턴트 커피 100g(FLO 인증, 콜롬비아)
2009년	3월	공정무역 엑스트라버진 올리브유(IMO Fair for Life 공정무역 인증, 아르헨티나)
	12월	네팔 공정무역 흑후추가루
2010년	10월	네팔 공정무역 흑통후추, 브라질 생두
2011년	3월	팔레스타인 엑스트라버진 올리브유
	8월	브라질 동결건조 인스턴트 커피
2012년	10월	라오스 원두커피 3종
	11월	iCOOP-AFTC 공장에서 첫 번째로 생산한 마스코바도 판매 시작
2013년	5월	공정무역 와인 2종(남아프리카공화국)
	8월	인도 흑통후추, 강황
	12월	공정무역 바나나 시범 공급(태국)
2014년	4월	페루산 공정무역 바나나 상시 공급
	11월	콜롬비아 커피 생두
2016년	5월	팔레스타인 아몬드
2017년	2월	페루산 공정무역 바나나 공급량 확대
	4월	팔레스타인 올리브레몬유 시범 공급 케냐AA 커피 생두
	5월	스리랑카 버진코코넛오일 시범 공급
2018년	2월	코스타리카 커피 생두 에티오피아 커피 생두
	3월	팔레스타인 올리브레몬유, 올리브바질유
	5월	코스타리카 후레쉬컷 파인애플 시범 공급
	11월	인도 공정무역 유기농 화장솜 시범 공급

연도		공정무역 물품
2019년	1월	페루 공정무역 애플망고 시범 공급
	3월	옥스팜 공정무역 스낵류 시범 공급
	6월	공정무역 로우케인 슈가(파라과이)
	7월	인도 공정무역 에코백 기획 공급
	11월	카카오빈, 디카페인 생두

정무역을 통해 조합원과 만난 물품들로, 생산자들과 파트너십을 통해 변화하는 조합원들의 필요를 충족하고, 새로운 공정무역 물품의 가능성을 탐색해온 결과물이다. 한편 한국공정무역협의회에 소속된 단체들의 공정무역 물품을 공급하기도 한다. (주)페어트레이드코리아의 공정무역 소품류(2017년), (재)아름다운커피의 공정무역 루이보스콜드브루티(2020년), 주식회사 어스맨의 건체리 등이 여기에 해당한다. 이는 국내 공정무역단체들과의 거래를 통한 협력이라는 의미와 조합원들에게 다양한 공정무역 물품을 제공한다는 의미를 모두 지닌다.

대표적인 공정무역 기획 상품 중 하나는 2월 밸런타인데이 시즌을 맞아 선보인 '공정무역 초콜릿 선물 세트'일 것이다. 이는 2011년부터 콜롬비아에서 가

그림13 자연드림 공정무역 초콜릿 선물 세트[62]

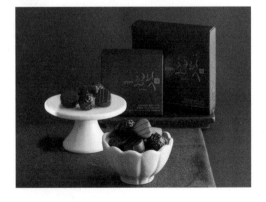

장 오래된 초콜릿 제조업체인 콤파니아 내셔널 데 초콜라테(Compania Nacional de Chocolates SAS, CNCH)와 파트너십을 맺고 현지의 카카오로

완제품까지 만든 것이다. 아이쿱생협과의 거래 과정에서 공정무역 인증 생산 물품이 없던 콤파니아 내셔널 데 초콜라테는 일부 물품에 공정무역 인증을 받았고, 아이쿱생협은 그러한 변화가 이뤄질 수 있도록 기여했다.[63] 아이쿱생협은 공정무역으로 조합원들이 필요로 하는 물품을 들여오는 것에서 더 나아가 파트너들과 장기적인 거래 관계를 형성하며 공정무역의 원칙을 지켜가고 있다.

아이쿱생협은 2013년 국내에서 처음으로 공정무역 와인을 소개했다. 남아프리카공화국의 탄디(Thandi) 와인은 세계 최초로 페어트레이드 인증을 받은 공정무역 와인이다. 아이쿱생협의 조합원들이 공정무역 와인 구입을 통해 조성한 공동체발전기금은 탁아소부터 청소년의 학교 등록금, 성인 교육비 등 지역 공동체의 미래를 위해 사용되었다.[65]

아이쿱생협은 끊임없이 다양한 공정무역 물품을 수입하고 개발하

그림14   자연드림 공정무역 탄디 와인[64]

---

62   (주)쿱스토어, 〈공정무역초콜릿2호*100g(9구)*자연드림〉 (https://bit.ly/2WWzueF) (검색일: 2020.12.28.)

63   주선영, 〈생산자·소비자의 신뢰가 쌓여… 초콜릿 맛도 깊어집니다〉, 조선일보, 2015.2.10. (https://www.chosun.com/site/data/html_dir/2015/02/09/2015020902561.html) (검색일: 2020.10.26.)

64   박지유, 〈세계 최초 공정무역 인증 탄디 와인 출시〉, SAPENet, 2013.05.08. (http://icoop.coop/?p=5992003) (검색일: 2020.12.28.)

그림15 자연드림 공정무역 마스코바도[66]

그림16 자연드림 공정무역 올리브오일[67]

는 도전을 통해 국내에서 가장 다양한 공정무역 제품을 만날 수 있는 곳을 만들었다.

아이쿱생협 조합원들은 매장에서 혹은 온라인몰에서 공정무역 원료를 사용한 다양한 제품을 생각지 못하는 사이에도 마주하고 있다. 원료를 공정무역으로 수입하는 커피 생두, 아몬드, 강황, 후추 등은 아이쿱생협의 각종 가공식품 원료로 적극 사용되고 있다. 또한 완제품으로 들어오는 바나나가 바나나칩의 원료로, 올리브유가 스파게티나 피자 소스로 일부 사용되고 있다. 공정무역 물품을 대용량(벌크) 단위로 들여와 자연드림 각 공방에서 가공 후 완제품으로 판매한다. 물품 뒤에 적혀 있는 숨겨

65 권오성, 〈와인 팔아 세운 탁아소… "공정무역이 준 '어린이낙원'"〉, 한겨레, 2013.11.5. (http://www.hani.co.kr/arti/economy/economy_general/609967.html) (검색일: 2020.10.20.)

66 (주)쿱스토어, 〈마스코바도*400*쿱푸드2공방〉 (https://www.shrunken.com/a8ZB3) (검색일: 2021.3.1.)

표7 공정무역 원료가 사용된 제품

번호	품목	완제품 목록
1	과일	바나나, 바나나칩
2	커피	인스턴트 커피: 에티카아메리카노블랙, 공정무역프리즈드라이드커피 원두커피 분쇄, 원두커피 홀빈, 원두커피 티백 콜드브루 커피 원액 등
3	마스코바도	마스코바도 설탕, 마스코바도 블랙캔디, 달고나
4	오일류	올리브유, 올리브레몬유, 올리브바질유, 상큼한스파게티소스, 피자 소스 일부 사용
5	견과류	볶은아몬드, 아몬드초코볼, 빈투바아몬드초콜릿, 바사삭아몬드, 견과모음 등
6	초콜릿류	마시는초콜릿, 미니 초코스틱, 현미크런치바, 아몬드초코볼, 찍어먹는초코스틱, 리얼초코볼, 못난이해바라기씨초코볼 등
7	향신료	후추, 카레컵밥, 카레볶음밥, 채소듬뿍카레, 우리카레가루 등
8	와인	각종 와인
9	면화	에코백, 화장솜
10	스낵	젤리, 민트사탕

진 원·부재료 정보를 확인할 때, 공정무역의 영향이 우리가 구입하는
아이쿱생협 물품 곳곳에 스며들어 있음을 쉽게 알 수 있을 것이다.

　공정무역 원료를 가공식품에 다양하게 사용하는 것은 공정무역 물
품의 소비를 늘리는 방법 중 하나로 기존의 공정무역에서 한발 더 나아
간 것이다. 국내 직접 가공으로 가격경쟁력을 높여 공정무역 산지의 생
산자뿐 아니라 소비자에게도 가격 측면에서 선택의 경쟁력을 높였기
때문이다. 물론 여기에 품질에 대한 아이쿱생협의 차별화도 기여한다.
이는 조합원뿐만 아니라 공정무역의 취지에 공감하고 구매를 원하지만
상대적으로 비싼 가격과 낮은 품질에 대한 우려로 구매를 망설여왔던

67　(주)쿱스토어, 〈엑스트라버진올리브유＊250ml＊카나안〉(https://www.shrunken.com/
　　a8ZB6) (검색일: 2021.3.1.)

그림17   공정무역 제품 비구매 사유 변화 추이(2017, 2018, 2020년)[68]

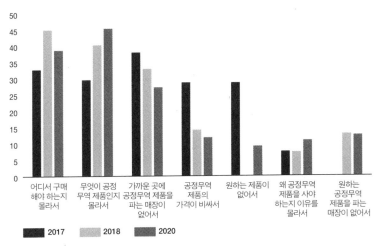

	어디서 구매해야 하는지 몰라서	무엇이 공정무역 제품인지 몰라서	가까운 곳에 공정무역 제품을 파는 매장이 없어서	공정무역 제품의 가격이 비싸서	원하는 제품이 없어서	왜 공정무역 제품을 사야 하는 지 이유를 몰라서	원하는 공정무역 제품을 파는 매장이 없어서
2017	32.7	29.5	37.9	28.6	28.6	7.5	0
2018	44.9	40.3	32.8	14.1	0	7.2	12.8
2020	38.6	45.2	27.1	11.8	9	10.9	12.5

소비자들에게 호소할 기회가 된다. 공정무역 제품 비구매자를 대상으로 공정무역 제품을 구입하지 않는 이유를 조사한 대부분의 결과를 보면, 판매처나 제품에 대한 정보 부재가 대표적인 이유로 확인된다. 이어 제품의 다양성 부족, 가격이 비쌀 것이라는 우려 또한 구입을 꺼리는 주된 이유로 나타난다. 아이쿱생협은 이러한 대중의 편견을 깨고 있다. 국

---

68   쿠피협동조합, 〈'공정무역도시 서울 3.0' 도약을 위한 정책 연구〉, 쿠피협동조합(미간행), 2020.

내에서 가장 다양한 공정무역 물품을 취급하는 것이 그 첫걸음이라 할
수 있다. 소비의 접점에서 공정무역을 선택지로 고려할 수 있도록 다양
한 공정무역 제품으로 소비자에게 더 가까이 다가가고 있는 것이다.

공정무역은 '운동'이자 '비즈니스'

공정무역 제품이 좋은 가치를 지녔다고 해도, 이 역시 다른 관행무역 제
품들과 시장에서 경쟁할 수밖에 없다. 윤리적 소비 의식을 지닌 조합원
들이라도 품질이 좋지 않거나 터무니없이 가격이 비싸다면 선뜻 공정
무역 제품을 선택하는 것이 쉽지 않을 것이다. 따라서 사업적으로 조합
원들이 필요로 하는 다양한 공정무역 제품을 좋은 품질과 적정한 가격
으로 제공하는 것이 그 무엇보다 중요하다.

　　유럽의 소비자협동조합들은 다양한 공정무역 제품을 구성하여 소
비자들의 이용 기회를 넓히고 있다. 스위스의 쿱 그룹(Coop Group)은
스위스에서 가장 큰 공정무역 제품 유통업체로 전 세계에서 가장 많은
공정무역 제품을 공급하고 있다.[69] 과일, 커피, 잼류, 채소, 유제품, 제과
류, 초콜릿, 음료, 와인 등 300여 가지의 공정무역 인증 제품을 소비자
들에게 공급한다. 또한 다른 소비자협동조합과 마찬가지로 공정무역
원료를 혼합한 다양한 가공식품을 개발하여 소비자들의 필요를 충족시
키고 있다.

　　공정무역 제품의 다양화에 앞서 공정무역 제품에 대한 품질관리와
안정적 공급은 매우 중요하다. 아이쿱생협은 지속적으로 품질관리에

69　　Coop, *Fairtrade Max Havelaar* (https://www.taten-statt-worte.ch/de/
nachhaltigkeitsthemen/gesellschaft/faire-produktion.html) (검색일: 2020.12.28.)

그림18　아이쿱 세계 공정무역의 날 캠페인, 바나나 함께 웃다(2017)[70]

신경을 써왔다. 민감하게 관리되고 있는 대표적인 품목으로는 바나나
와 커피를 들 수 있다.

　초기 태국산 공정무역 바나나를 수입했을 당시의 관계자 인터뷰
에 의하면 산지로부터 조합원의 하루 구매량에 해당하는 3톤 분량만
을 공급할 수 있다 보니 거래를 계속 유지하기가 어려웠다. 그래서 유기
농 바나나 공급과 관련된 설비와 기술력, 노하우를 보유한 (주)진원무역
을 통해 다른 거래를 시도했다. 아이쿱생협은 유럽의 대표적인 공정무
역 청과회사인 아그로페어(AgroFair)에 직접 연락하여 페루의 공정무역
바나나 생산자 협동조합 앱보사(APPBOSA)를 소개받았다. 페루에서 공
정무역 바나나를 한국으로 보내면 (주)진원무역에서 훈증과 후숙 처리

70　박은주, 〈생산자와 소비자, 모두가 웃을 수 있는 공정무역〉, SAPENet, 2017.5.18. (http://
　　sapenet.net/?p=7978143) (검색일: 2020.12.28.)

후 아이쿱생협 물류 센터로 바나나를 보내는 과정을 거친다. 아이쿱생협에서는 페루에서 유기농 사양의 공정무역 바나나를 수입하지만, 훈증 처리 과정을 거치는 경우 정부 규정에 따라 유기농이라는 표기를 하지 않는다. 이런 경우에도 생산자단체에는 유기농 가격을 그대로 지불한다.[71] 이러한 과정을 거쳐 아이쿱생협은 국내 최초로 공정무역 바나나를 수입했다. 쿱무역은 (주)진원무역에 수입 대행을 맡기고 있지만, 생산지 정보를 직접 받을 수 있도록 생산지와 바로 연결된 소통 채널을 만들고 가격 조정 등을 하고 있다. 바나나 생산 및 유통 과정에서 생산(페루 앱보사)-수출(아그로페어 사우스AgroFair south)-수입-검역 · 통관-훈증 · 후숙((주)진원무역)-물류-유통-소비(아이쿱생협)'의 단계를 거쳐 조합원들에게 바나나가 공급되고 있으며 각 단계마다 최상의 품질을 유지하기 위한 조건들을 찾고 관리한다.

커피 역시 동일하다. 아이쿱생협은 2007년 처음 커피를 취급한 이후 꾸준히 커피 품목을 늘리고, 품질을 높이기 위해 노력해왔다. 국제 공정무역기구의 2018~2019년 연차 보고서에 따르면 커피는 공정무역 품목 중 세 번째로 거래가 많이 되는 품목이다(바나나, 카카오, 커피 순서다). 아이쿱생협에서는 조합원들에게 다양한 커피를 공급하기 위해 지속적으로 커피 원두의 종류를 늘려왔다. 동티모르 원두커피, 인스턴트커피는 물론 2010년 브라질 생두를 시작으로 2014년 콜롬비아 생두,

---

71 유기농 공정무역 사양의 바나나라 하더라도 국내 반입 시 통관 과정 중 식물 검역에서 해충이 발견되면 국내 환경 피해를 막기 위해 훈증을 하도록 법으로 정하고 있다. 훈증 처리가 되는 경우 유기농 인증 표시가 제거된다. 아이쿱생협은 훈증 시 가장 안전성이 있다고 판단되는 에틸포메이트만 사용한다((주)쿱스토어, 〈공정무역바나나(파차)*13kg*진원무역〉(https://url.kr/2cqlmn) (검색일: 2020.12.28.)).

2017년 케냐 생두, 2018년 코스타리카, 에티오피아 생두, 2019년 디카페인 생두를 취급하기 시작하였다. 현재 총 6종류의 커피 원두와 이를 혼합하여 로스팅한 원두가 조합원들에게 공급된다. 커피 생두 관리와 로스팅을 담당한 아이쿱생협 자회사의 직원은 공정무역 커피의 품질을 국내에서 보완하기 위해 노력했던 과정을 다음과 같이 설명한다.

> 커피 맛이 100이라고 하면 원료가 차지하는 비중이 70퍼센트입니다. 커피도 하나의 요리이기 때문에 원료가 좋아야 해요. 그 다음이 로스팅 테크닉, 추출 테크닉입니다. 공정무역 커피의 경우 커피 체리를 가공하는 시스템이 열악하다는 것을 느꼈어요. 기계화된 브라질, 콜롬비아, 코스타리카와 비교해 품질이 조금 떨어진다는 느낌을 받았거든요. 그렇지만 10년 전보다 조금씩 발전되고 있는 것은 사실입니다. 이물질 비율이 많이 줄었어요. 예전에는 쇠붙이, 돌, 나뭇가지 등이 들어가 있어서 로스팅 하기 전 육안 선별 과정을 거쳤어요. 로스팅 후 뽑기 전에 다시 한번 선별을 하고요. 이제는 공정무역 생산지에서 이물질이 혼입되는 비율이 많이 적어졌죠.

아이쿱생협은 공정무역 생산자단체들과 협력하며 장기적인 거래 관계를 가져가고 있다. 물론 커피 맛이 좋아도 커피 품질이 균일하지 않고, 공급받을 때마다 상태가 다르거나 커피 생두에 이물질이 섞여서 들어오면 거래 관계를 계속해서 유지하기 어렵다. 그래서 보완 사항을 전달하고, 품질관리가 더 잘 이루어질 수 있도록 기다리기도 한다. 이윤 추구가 우선인 기업이라면 품질관리가 되지 않을 경우 바로 생산자단체를 교체할 것이다. 하지만 공정무역에서는 생산자단체의 역량이 강화될 수 있도록 지원하고 또 이를 기다려주는 경우가 많다. 개발도상국 생산자단체들이 경제적으로 지속가능한 자립의 구조를 갖출 수 있도록 돕는 운동적 측면이 공정무역의 가치에 담겨 있기 때문이다. 하지만 소비자들은 냉정하게 품질을 평가한다. 가격에 비해서 맛과 품질이 떨어진다고 생각하면 대부분 더 이상 그 물품을 구매하지 않는다. 그래서 공정 가격과 공동체발전기금을 생산자들에게 지불하며 생산자 공동체의 발전을 지원하는 한편, 물류비 절감, 유통 단계에서 발생하는 비용 절감 등을 통해서 합리적으로 가격을 맞추려는 노력이 동시에 일어난다. 소비자들의 구매량이 많을수록 물품의 가격이 떨어지기도 한다. 한꺼번에 많은 양을 수입함으로써 물류 비용을 낮출 수 있기 때문이다.

품질관리는 생산부터 판매까지 모든 단계에서 이루어져야 한다. 커피꽃이 지고 난 후 맺는 초록색 열매나 붉게 익은 커피 체리(Coffee Cherry)를 채집해서 가공하는 과정부터 보관, 로스팅, 그리고 현장에서 커피를 추출하는 매 단계가 품질에 영향을 끼치기 때문이다. 생두 커피를 관리하고 로스팅하는 일을 해왔던 아이쿱생협 직원의 인터뷰에서도 이를 확인할 수 있다. 커피를 로스팅해서 매장에 보내면 커피 추출기의 관리 상태, 물 온도 등 여러 가지 조건의 영향으로 커피의 맛이 달라진다. 매장별로 담당자에게 교육을 진행하지만 해당 담당자가 다른 일을 맡으면서 교체되는 경우가 많다. 이러한 작은 변화도 품질관리에 영향을 미친다.

> 매장에서 교육을 진행하고 2~3개월 지나 다시 매장을 찾으면 제가 교육한 분이 안 계세요. 그러면 다시 이론 교육부터 머신 청소와 관리, 추출량 맞추기, 맛에 영향을 줄 수 있는 물 온도 조절 등 여러 가지

변수들을 고려해서 교육을 진행해요. 부산에도 수십 차례 다녀왔죠.

생산자들과 지속적인 거래로 품질을 높일 기회를 주기 위해서는 소비자들의 적극적인 구매가 동반되어야 한다. 소비자들의 구매가 증가해야 공정무역 생산자들의 지속가능한 발전이 가능하다. 가디언은 지난 2019년 농업으로 생계를 꾸리는 사람들이 20억 명에 달하지만 공정무역 네트워크에는 166만 명의 농부들만이 참여하고 있다고 밝혔다. 공정무역 제품의 시장 규모가 최대 90억 달러지만 세계 커피 시장의 가치는 2000억 달러로, 전 세계 농업에서 공정무역이 차지하는 비중이 얼마나 미미한지를 언급했다. 더욱 안타까운 사실은 2016년 공정무역을 위해 재배된 커피 중 실제 공정무역으로 판매된 것은 34퍼센트로, 나머지 물량은 공정무역으로 구매하려는 조직들이 없어서 관행시장을 통해 판매되었다는 것이다. 코코아의 경우는 47퍼센트, 차의 경우는 4.7퍼센트만이 공정한 구매자를 찾을 수 있었다고 한다.[72] 이는 공정무역의 현실이 얼마나 녹록치 않은지를 알려준다. 공정무역의 취지와 가치에 공감하더라도 소비로 연결되지 않으면 공정무역 생산자단체들의 지속가능한 발전은 요원하다.

조합원들이 있으니까 가능한 일

1997년에 시작한 아이쿱생협(당시 21세기생협연대)의 전체 매출액은

72 Samanth Subramanian, *Is fair trade finished?*, The Guardian, 2019.7.23. (https://www.theguardian.com/business/2019/jul/23/fairtrade-ethical-certification-supermarkets-sainsburys) (검색일 : 2020.12.28.)

1998년 15억 원에서 2019년 5921억 원이 될 만큼 양적으로 성장했다. 이러한 성장의 중심에는 조합원이 있다. 아이쿱생협의 조합원 수는 꾸준히 증가해왔다. 공정무역이 시작된 2008년에는 조합비를 내는 조합원이 약 3만 5000명이었으나 2019년에는 26만 명으로 7배 이상 증가했다. 조합원 증가는 생협이 추구하는 가치에 공감하는 이들이 늘어났다는 의미다. 생협과 함께하는 조합원은 아이쿱생협 공정무역의 성장에 큰 역할을 하고 있다. 조합원은 아이쿱생협이라는 조직 운영에 필요한 인적, 물적 자원의 기반인 동시에 아이쿱생협의 사회적 영향력을 보여주는 핵심 지표라 할 수 있다. 조합원의 소비는 아이쿱생협의 지속적인 재생산을 위한 필수 요소다. 생협에서의 소비와 활동은 특정인을 위한 이윤 창출보다는 생산자와 소비자의 필요 충족, 생협과 생협의 조합원이 생활하는 지역사회, 개발도상국의 가난한 생산자와 노동자, 그리고 그들의 커뮤니티를 돕는 데 중점을 두고 있다. 그리고 조합원의 공정무역 물품 소비는 이러한 의미를 국외로 확장시킨다.

　아이쿱생협이 공정무역 물품 다양화와 품질 개선에서 나아가 그 가치를 한 단계 끌어올릴 수 있었던 배경에는 조합원의 참여가 존재한다. 2010년부터는 물품의 선택을 회원생협에서 담당해왔다. 물품 선택의 최종 결정은 조합원이 한다. 회원생협의 이사회와 물품 심의 활동을 통해 물품이 선정된다. 조합원의 참여가 가장 활발한 영역이 물품 심의 활동이다. 매월 회원생협마다 10명 안팎의 조합원들이, 전국적으로는 1000명 이상의 조합원들이 물품 심의와 선정에 참여하고 개선 의견을 전달한다. 아이쿱생협의 물품과 라벨링을 검토하고 직접 해당 물품으로 요리를 하고 관련 내용을 정리하여 회의록을 작성하는 것은 물론 물품 체험단, 물품 스토리 개발, 생산지 방문, 생산자 초대 등을 통해 물품

그림19 아이쿱생협 조합비 조합원 수와 매출액(1998~2019)[73]

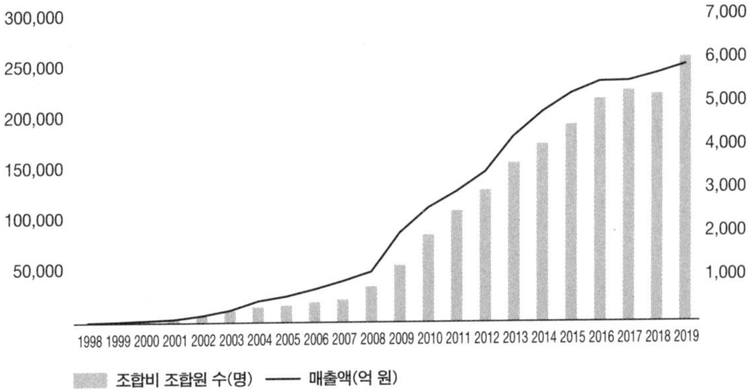

과 관련된 조합원의 궁금증을 해소할 수 있는 방법들을 구체적으로 채워간다. 그래서 아이쿱생협의 가치를 담은 물품이 안정적으로 공급되기 위해서는 조합원의 역할이 꼭 필요하다. 생협이 단순히 친환경 유기농산물을 유통하는 곳이 아니라 협동조합이라는 사실을 여기에서 확인할 수 있다. 공정무역 물품 역시 조합원과의 긴밀한 관계 속에 비롯된다. 조합원들은 공정무역 물품의 신뢰성을 검증하고 그 가치를 함께 공유한다. 그리고 아이쿱생협의 가치와 함께 공정무역의 의미를 지역사회 전역으로 확장하기 위한 교육과 캠페인을 다양한 방식으로 진행한다.

한편 아이쿱생협의 공정무역 사업과 활동은 협동조합의 7원칙 중 하나인 '협동조합 간 협동'이라는 연대와 협력의 측면에서도 의미를 갖는다. 아이쿱생협은 공정무역을 통해 소농을 중심으로 결성된 생산자 협동조합과 파트너가 되어 자원과 부의 편중, 환경 이슈 등 산적한 지구

73 각 연도별 아이쿱생협 연차보고서 및 아이쿱생협연합회 총회자료집

촌의 시대적 과제를 함께 해결하고자 한다. 지속가능한 사회를 만들어 간다는 협동조합의 과제를 공정무역을 통해 풀어가려는 것이다. 물론 이때에도 조합원의 공감과 지지가 원동력이 된다. 그렇게 아이쿱생협은 조합원과 함께 공정무역 사업과 활동을 확대해왔다.

3장 생산자와의 연대

아이쿱생협은 2008년부터 아시아, 아메리카, 아프리카 대륙에서 공정무역 물품을 생산하고 가공하는 단체들과 거래 관계를 형성해왔다. 아이쿱생협에서 공정무역을 시작할 때부터 거래를 시작해 지금까지 13년간 관계를 유지하고 있는 곳은 필리핀 마스코바도 생산자단체 PFTC, 콜롬비아의 인스턴트 커피를 생산하는 페더레이션 내셔널 데 카페테로스 데 콜롬비아(Federacion Nacional de Cafeteros de Colombia, FNC), 초콜릿을 생산하는 콤파니아 내셔널 데 초콜라테가 있다. 그 이후에도 꾸준히 공정무역 품목을 늘리면서 거래하는 공정무역 생산자단체들이 늘었다. 아이쿱생협은 기존 생산자단체와의 거래 품목을 늘리기도 했다. 카나안페어트레이드(Canaan Fair Trade)와 2011년부터 올리브유 거래를 시작했는데 2016년에는 아몬드도 거래하고 있다. PDS 오가닉 스파이시스(PDS Organic Spices)의 경우 2013년 후추를 시작으로

표8   아이쿱생협 공정무역 물품 생산자단체 현황

연도	국가	품목	단체명
2008	필리핀	마스코바도	PFTC, AFTC
	콜롬비아	인스턴트 커피	FNC
		초콜릿류	콤파니아 내셔널 데 초콜라테
2011	브라질	커피 생두	쎄라도 소농 협회
		인스턴트 커피	Cacique
	팔레스타인	올리브유	카나안 페어트레이드
2013	인도	후추	PDS 오가닉 스파이시스
2014	콜롬비아	커피 생두	아그로타타마
	인도	강황	PDS 오가닉 스파이시스
2016	팔레스타인	아몬드	카나안 페어트레이드
	남아프리카공화국	와인	스텔렌러스트
2017	페루	바나나	앱보사, 아그로페어 사우스
	케냐	커피 생두	케냐 협동조합 커피 수출 회사
2018	코스타리카	커피 생두	쿠페아그리 알엘
	에티오피아	커피 생두	예르가체프 커피 농부 협동조합 연맹
2019	캐나다	커피 생두	스위스 워터
	페루	카카오빈	마추픽추푸드
	벨기에	스낵류	옥스팜 베렐드빙켈스
	인도	에코백	OM 오가닉 코튼, CGPL

2014년에 강황을 추가하여 거래하고 있다. 지난 13년간 공정무역 물품 생산자단체들과의 거래가 꾸준히 늘어나면서 2019년 현재 4개 대륙, 13개 국가의 19개 단체들과 거래를 하고 있다.

그림20 아이쿱생협 공정무역 물품 생산자단체(2019년 기준)

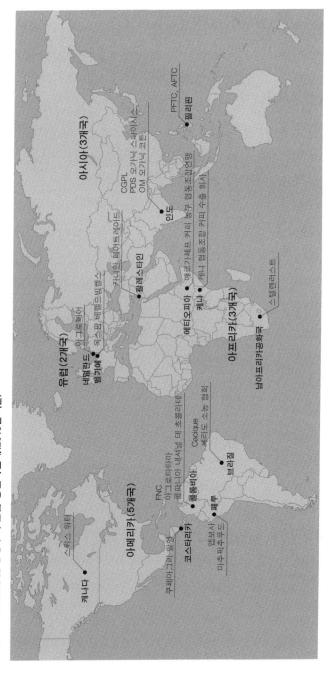

공정무역의 책임, 공동체발전기금

공정무역을 관행무역과 구분할 수 있는 여러 가지 요소들이 있는데 그
중 가장 명확하게 구분되는 요소가 공정무역 프리미엄이라고 부르는
공동체발전기금이다. 공동체발전기금은 공정 가격 외에 생산자단체에
지급하는 기금이다. 공동체발전기금은 판매된 농산물의 양에 따라 백
분율로 계산된다. 생산자단체가 받는 금액은 제품과 지역에 따라 다
르다.

　생산자단체들은 민주적인 의사결정에 따라 공동체발전기금의 사
용처를 결정한다. 국제공정무역기구는 공정무역 인증을 받기 위한 조
건으로 농부들에게 협동조합 구성을 제안한다. 공동체발전기금은 생산
자들이 참여하는 협동조합에 지급된다. 민주적으로 선출된 협동조합의
대표가 그 돈을 어떻게 사용할지 결정할 수 있다. 이는 생산 현장의 농
부들이 돈의 사용 방법을 가장 잘 알고 있으며, 생산지와 멀리 떨어져
있는 거래 기업보다 삶의 질을 향상시킬 투자를 결정하는 데 훨씬 더
나은 위치에 있다는 믿음에서 비롯됐다. 농부들은 자신들이 놓여 있는
상황, 우선순위 등을 고려하여 공동체발전기금을 사용할 권리를 갖는
다. 하지만 특정 품목의 경우 공동체발전기금을 특정한 목적에 맞춰 사
용해야 한다. 예를 들어, 퀴노아 농부들은 환경을 위해 공동체발전기금
의 30퍼센트를 투자해야 하며, 커피 농부들은 커피의 품질과 생산성 향
상을 위해 투자해야 한다.[74]

74　Fairtrade Foundation, *Fairtrade premium* (https://www.fairtrade.org.uk/what-is-
fairtrade/what-fairtrade-does/fairtrade-premium/) (검색일: 2020.12.28.)

국제공정무역기구 홈페이지에서 소농들이 모여 있는 생산자단체
와 노동자들을 고용하고 있는 단체들이 공동체발전기금을 어떻게 사용
하고 있는지를 확인할 수 있다. 소농들은 인적자원 개발과 경영, 조합원
들을 위한 금융 서비스, 농업 훈련, 농기구 제공, 교육 서비스, 보건 서비
스, 시설 및 인프라 구축, 생산자단체의 직원과 이사, 위원회의 역량 강
화를 위해, 그리고 공동체를 위한 교육 서비스, 공동체 인프라 구축, 공
동체를 위한 사회적·경제적 서비스 제공, 공동체를 위한 보건 서비스
제공 등을 위해 공동체발전기금을 사용하고 있다. 크게 구분하면, 생
산자단체를 위한 투자, 조합원들을 위한 서비스 제공, 지역 공동체를
위한 서비스 제공을 위해 공동체발전기금이 사용되고 있음을 알 수
있다.[75]

　노동자들을 고용하고 있는 조직들은 공동체발전기금을 노동자와
그 가족들을 위한 서비스, 지역 공동체를 위한 서비스, 노동자를 위한
훈련과 임파워먼트(empowerment)를 위해 사용하고 있다.[76]

　아이쿱생협에서는 공정무역 인스턴트커피를 거래하기 시작한
2008년부터 공동체발전기금을 꾸준히 지급해왔다. 공정무역 거래 물
품과 양이 늘면서 공동체발전기금도 증가했다. 2008년부터 총 10억
8200만여 원의 공동체발전기금이 지급됐다. 이는 생산자단체에 전달
되어 생산자단체의 결정에 따라 공동체와 협동조합, 그리고 조합원들
을 위해 사용되었다.

75　Fairtrade International, *Fairtrade premium overview* (https://www.fairtrade.net/
　　impact/fairtrade-premium-overview) (검색일: 2020.12.28.)

76　같은 글.

그림21　아이쿱생협의 공정무역 관련 기금 조성 현황 및 생산자 지원 현황

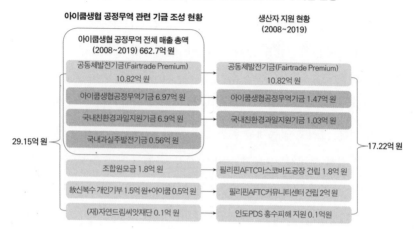

　　공동체발전기금 조성 외에도 조합원 특별 모금과 활동가의 개인 기부를 통해서 개발도상국 공정무역 생산자단체에 지원이 이루어졌다. 공정무역 물품을 판매하면서 조성한 공동체발전기금과 국내외 각종 지원 기금 외에도 별도의 지원이 진행됐다.

　　공정무역을 시작한 2008년부터 2019년까지 아이쿱생협에서는 총 662억 7000만여 원의 공정무역 물품 판매가 이루어졌으며, 아이쿱생협은 판매를 통해 25억 2500만 원의 기금을 조성했다. 그 외에도 조합원 모금과 활동가 개인 기부 등을 통해 3억 9000만 원이 모금되어 총 29억 1500만 원의 기금을 조성했다. 이러한 기금은 국내외 생산자들에게 다양하게 사용되고 있으며, 사용된 기금은 약 17억 2200만 원이다.

아이쿱생협의 약속, 공정무역기금

아이쿱생협은 공정무역 산지의 지역사회 개선, 현지의 지속가능한 생

그림22 아이쿱생협 공정무역 관련 기금(2008-2019)

개발도상국 생산자		국내 생산자	
10억 8200만 원	6억 9700만 원	6억 9000만 원	5600만 원
공동체 발전기금	공정무역 기금	국내친환경과일 지원기금	국내과실주 발전기금

산을 위한 재원 조성을 목적으로 공정무역 물품 가격의 일정액을 공정무역기금으로 조성하고 있다. 조합원의 공정무역 물품 구매는 구매에 그치지 않고, 100~400원의 공정무역기금 적립으로 이어진다. 공정무역기금과 별도로 2013년부터 공정무역 와인 판매를 통한 '국내과실주 발전기금', 2015년부터는 공정무역 바나나 판매를 통한 '국내친환경과일지원기금'을 새롭게 개설하여 별도의 기금을 적립하고 있다. 이는 공정무역으로 영향을 받는 국내 생산자를 위해 사용된다.

당시 공정무역추진위원회에서 활동했던 아이쿱생협 관계자는 국내친환경과일지원기금 조성과 사용에 대해서 다음과 같이 설명했다.

바나나를 수입하게 되면 국내 과일 소비가 위축되지 않겠냐는 이야기를 많이 하는데 실제로는 우리가 취급하지 않아도 임산부나 아이가 있는 가정처럼 바나나 소비가 많은 분들은 시중에서 바나나를 많이 구입해요. 기왕 소비하게 되는 품목들을 공정무역으로 공급하면 좋겠다고 한 거죠. 생산자, 특히 과일 농가에서 우려하는 문제를 해소할 수 있도록 기금을 조성해서 국내 과일 생산지에 쓰자는 것이 (국내친환경)

그림23   아이쿱생협 공정무역 매출액 및 공정무역기금 조성액(2008~2019)[77]

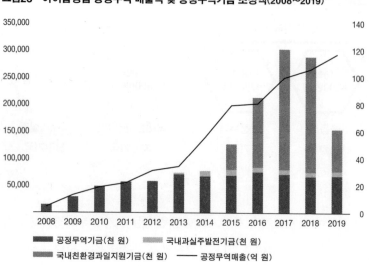

과일지원기금의 기본적인 취지입니다. 처음에 이 기금을 어디에 사용
했냐면, 당시 제주도에서 국내산 바나나 생산을 하고 있었거든요. 그
런데 태국에서 들여온 바나나는 (국내 생산 바나나와)비교할 때 가격이
3분의 1이에요. 그러면 (국내)농가는 전환을 해야 하는 거예요. 제주도
에서 바나나 농사를 짓는 게 썩 좋지 않다는 판단을 내린 뒤 생산지와
협의해서 3년에 걸쳐 전환을 할 수 있도록 유도하고 전환에 필요한 지
원을 한 거죠.

공정무역 물품의 매출 증가와 함께 공정무역기금 조성액도 증가
했다. 2019년 현재까지 조성한 공정무역기금은 약 6억 9700만 원, 국

---

77   (주)쿱무역 내부 자료

내과실주발전기금은 약 5600만 원, 국내친환경과일지원기금은 약 6억 9000만 원에 이른다. 아이쿱생산자회와 소비자 대표의 논의를 통해 공급하기 시작한 공정무역 바나나(초기 태국산, 현재 페루산)의 경우 2015년에만 약 4700만 원의 국내친환경과일지원기금이 적립되었다. 이 기금을 통해 2017년과 2018년에 각각 약 7300만 원, 3000만 원이 제주도의 감귤, 바나나 생산자 지원을 위해 사용되었다.

공정무역기금은 2010년 동티모르 로뚜뚜 마을 커피 트럭 및 도서 구입 지원(3000만 원) 집행을 시작으로 마스코바도 생산지인 필리핀 파나이 지역에 공장을 설립하는 데 쓰였으며, 2016년에는 팔레스타인 카나안에 올리브나무 묘목 및 아몬드나무 묘목(약 7800만 원)을 심는 데 사용되었다. 팔레스타인 나무 심기 캠페인은 평화를 심는다는 의미로 분쟁으로 상처받은 팔레스타인 생산자들을 치유하는 과정이기도 했다.

공정무역기금 외 (재)자연드림씨앗재단[78]을 통한 생산지 지원도 이어지고 있다. 가장 대표적인 경우는 필리핀 안티케공정무역센터(Antique Fair Trade Center, AFTC)의 커뮤니티 센터 건립 비용 지원일 것이다. 2014년 12월부터 공사를 시작해 2015년 6월에 완공된 커뮤니티 센터는 열악한 AFTC 부근에 건립된 다목적 건물로, 생산자 및 직원의 복지 향상을 목적으로 건립되었다. 휴게 장소, 식당 및 주방, 교육장, 게스트하우스, 강의장 등으로 구성되어 있다.

---

78 2010년 9월 발기인 총회 당시에는 '아이쿱행복나눔재단'이었으나 2011년 공모를 통해 'iCOOP씨앗재단'으로 명칭을 변경했다. 2015년에 '(재)한국사회적경제씨앗재단'으로, 2021년 현재의 '(재)자연드림씨앗재단'으로 명칭을 변경했다(한국사회적경제씨앗재단, 〈씨앗재단~쌕 바뀝니다!〉, SAPENet, 2021.2.3. (http://sapenet.net/?p=8016458) (검색일: 2021.3.1.)). 본 글에서는 현재 사용하고 있는 법인명으로 표기하였다.

그림24 '공정무역으로 다시 심는 팔레스타인의 희망' 행사(2016)[79]

2019년 1월에는 후추 및 강황 생산지인 인도 PDS 오가닉 스파이시스에 약 1000만 원의 홍수 피해 복구 비용이 지원됐다. 2020년에는 코

---

79   박은주, 〈아몬드 한 알이 품은 전쟁과 평화〉, SAPENet, 2016.5.16. (http://icoop.
       coop/?p=7961936) (검색일: 2020.12.28.)

로나19로 힘들어하는 페루의 바나나 생산자 협동조합 앱보사에 공정
무역기금이 지원됐다. 앱보사는 아이쿱생협과 거래하는 공정무역 생산
지 중 가장 피해가 심각한 생산지로 수십 명의 코로나19 감염자가 발생
한 상황이었다. 긴급하게 약 5500만 원(4600달러)의 기금이 지원되어 생
산 현장에서 의료비 지원은 물론 코로나19 검진비, 기초 식량, 의약품,
긴급 생활 자금 지원 등으로 사용되었다.

PFTC, AFTC와의 협력 그리고 우정

필리핀 파나이 안티케(Antique)[80] 지역의 빨간 지붕 마스코바도 공장은
아이쿱생협에서는 꽤 알려진 곳이다. 2012년 KBS 다큐 3일에 '달콤한
공생 파나이 섬의 이상한 설탕 공장'이 방송되면서 아이쿱생협 조합원
들이 기금을 모아서 마스코바도 설탕 제조 공장을 지었다는 이야기는
더 많이 알려지게 되었다. 당시 마스코바도 설탕 제조 공장 건립을 위한
기부에 참여했던 조합원들 중 일부가 추첨을 통해 공장 준공식에 함께
참여해 현지인과 기쁨을 나누는 모습이 고스란히 방송에 담겼다.[81] 마
스코바도 공장의 벽면에는 AFTC의 마스코바도 공장은 PFTC의 노력
과 아이쿱생협의 기부에 의해 설립되었다는 내용이 쓰여 있다.

　아이쿱생협은 2008년부터 PFTC와 마스코바도 거래를 시작했다.
이후 아이쿱생협에서 설탕공장의 설립 지원과 책임 소비를 약속하면서

80　Antique를 영어로는 앤티크, 필리핀 타갈로그어와 스페인어로는 안티케로 발음하는데 본
　　저서에서는 현지인들의 발음대로 안티케로 정리하였다.

81　관련 영상은 유튜브(https://youtu.be/VeCL03MJNCU)에서 볼 수 있다. (검색일: 2020.10.1.)

그림25   필리핀 파나이 안티케 지역 AFTC 마스코바도 공장의 벽[82]

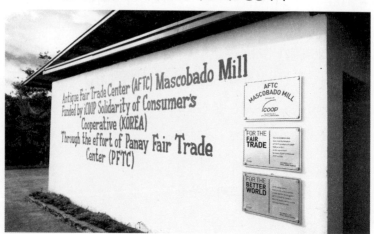

2009~2010년 PFTC는 새로운 생산자 조직을 발굴하고, 공장 부지 마련 및 신규 공장 건립을 진행하였다. 생산자회 이름은 안티케발전센터 (Antique Kauswagan Center, AKC)로 결정되었다. AFTC의 빨간 지붕 마스코바도 공장은 2010년 10월 1개월간 7109명의 아이쿱생협 구성원들이 '달콤한 공장' 캠페인을 통해 모은 약 1억 8000만 원의 공장 건립 기금으로 지어졌다. 당시 조합원과 생산자, 직원들이 지역 생산자와 함께 준공식을 진행하기도 했다.[83] 당시 활동에 적극적으로 참여했던 이들은 그때의 상황을 다음과 같이 설명하고 있다.

처음에는 유럽으로 수출하던 마스코바도를 들여왔잖아요. 그렇게

---

82   변수미, 〈2019필리핀공정무역연수를 가다〉, SAPENet, 2019.12.10. (http://icoop. coop/?p=8006915) (검색일: 2020.10.1.)

83   이주희, 〈필리핀 AFTC 마스코바도 생산지를 방문하다〉, SAPENet, 2018(http://sapenet. net/?p=7987863). (검색일: 2020.10.1.)

조금씩 들여오다가 매실철마다 조합원들이 폭발적으로 (설탕을)많이 요구하니까 안정적으로 가져오기 위해서 어떻게 해야 하는지, 그 논의를 필리핀 생산자와 함께 한 거죠. 터를 하나 잡아서 거기에 공장을 지으면 1년에 100톤 정도 생산이 가능할 테고, 그러면 일자리 창출도 가능하고요. 여러 가지 좋지 않겠냐는 이야기가 오고 갔죠. 그러면 돈이 얼마나 들어가는지 물어보니 한 1억 2000만 원 정도가 필요하다는 거예요. 1억 2000만 원을 지원하면 공장을 지을 수 있다고 그래서 우리가 1억 2000만 원을 모아봅시다 한 거죠. 우리가 옛날에 (물류 창고에) 화재가 났을 때 모두가 돈을 모아서 다시 만들었던 것처럼 10월 1개월간 기금 모금을 했어요. 그랬더니 또 생산자들, 조합원들 모두 참여해서 1억 8000만 원이 모였죠. 7000명이 넘는 사람들이 후원을 했고요. 그러면 후원자들 중에서 4명을 선정해서 필리핀 준공식 할 때 같이 갑시다, 그래서 랜덤으로 뽑아서 4명이 갔죠. 이 사람들은 돈 1만 원 냈는데 추첨으로 이렇게 (필리핀에)가게 됐다고 너무 좋아했어요.

　가서 보니까 '공정무역이라는 게 이런 거구나' 하고 조합원들이 너무 감동한 거죠. 4명 모두요. 1명은 마을지기로 기억하고, 나머지 3명은 활동을 안 했어요. 이후에 활동을 시작했죠. 준공식은 마을 축제였어요. 그날 신부님도 오시고, 시장님도 오시고. 멀리 사는 사람들은 버스를 타고 왔어요. 동네에 사람이 가득했어요. 그때 우리가 사람들이 모이면 선물을 줘야 하지 않을까 싶어서, 조합원들한테 안 쓰는 크레파스 이런 것들 다 보내달라고 했어요. 전국에서 엄청 많이 모였어요. 그걸 싣고 가는 거 자체가 너무 힘들었어요. 300꾸러미 정도를 만들어서 갔거든요. 그런데 그것도 모자랐어요. 행사가 다 끝난 뒤에 아이들한테 나눠줬는데 정말 감동이었어요. 온 동네 사람들이 모여 축제처럼 좋아하고, 그게 KBS 다큐3일에 나갔어요.

우리의 작은 힘이지만 이것으로 인해 동네가 바뀌면 정말 좋겠다는 희망이 생겼어요. 또 사람이 뭉쳐서 하면 안 될 것이 없구나 싶고. 그래서 우리가 준공식을 하러 갈 때 저기 멀리에서 그 빨간 지붕이 보이는데 진짜 감동이었어요. 여기에 내가 참여했다는 것만 해도 내 인생이 아름다워졌구나 싶고.

아이쿱생협과 필리핀 PFTC, 그리고 AFTC에 관한 이야기는 엄은희의 책《흑설탕이 아니라 마스코바도》에 상세하게 소개되어 있다. 여기서는 그 책의 일부 내용과 필리핀에 마스코바도 설탕 공장과 커뮤니티 센터 건설 당시 현장에 있었던 아이쿱생협 관계자들의 인터뷰를 함께 정리했다.

산 중턱에 있는 집이었는데 거기에서 개미에 엄청 많이 물렸어요. 형제들이 부모님과 함께 살고 있는 아주 작은 집이었고, 그 옆에 돼지우리가 있고 닭들이 왔다 갔다 했지요. 그곳에서 살면서 2~3일 먹거리 분량으로 거의 일주일을 먹고산다고 해요. 그런 이야기를 들으면서 내가 자라면서 또 그 이전의 우리네 사람들의 삶도 그렇겠다 싶은 거죠. 우리나라도 전쟁 겪으면서, 그렇잖아요. 그래도 어릴 적에 내가 힘들고 어려웠어도 밥은 먹고 살았는데, 생산지에 가서 정말 가슴이 아프더라고요. 지금까지 보지 못했던 경제적으로 열악한, 정말 힘든 사람들을 만났죠. 겸손하게 살아야 되겠다 싶고, 분배의 문제가 정말 큰 일이구나 싶었어요. 우리나라도 불평등한 분배로 힘들잖아요. 생협에서 공정무역을 하면서 나는 폭넓은 삶을, 사람다운 삶을 살게 된 거고.

아이쿱생협이 지원한 AKC(현재 AFTC)는 파나이섬 서쪽 안티케 지역에 설립되었다. 안티케는 약 50만 명의 인구가 거주하는 지역이다. 주로 쌀, 말린 코코넛, 마스코바도, 채소, 과일, 축산물, 해산물 등을 생산한다. 안티케는 사탕수수의 주요 생산지이다. 하지만 이 지역에서 생산된 마스코바도는 노후한 공장 시설, 퇴보한 생산기술에 따른 품질 하락으로 인해 국제 수출 시장 기준을 통과하지 못하고 있었다. 안티케 지역의 사탕수수 생산자들은 아이쿱생협의 지원으로 이러한 한계를 딛고 품질 좋은 설탕을 생산함으로써 국제적 거래망에 처음으로 편입되는 기회를 얻게 되었다. 마스코바도 공장은 2011년에 안티케 주 벨리슨군에 위치한 이필(Ipil) 바랑가이(barangay)[84]에 세워졌다. 2011년 이필 바랑가이의 사탕수수 재배지 면적은 7헥타르 정도였는데 AFTC 조직화와 신규 마스코바도 공장 건설로 이 지역 농민들이 새롭게 사탕수수 농사에 관심을 갖게 되었고 면적이 20헥타르까지 늘어났다. 아이쿱생협은 연간 100톤의 마스코바도를 책임 소비할 것을 약속했다.[85]

우리가 칠해놓고 그 다음 주에 와서 준공식을 하기로 했으니까요. 저는 공정무역위원회 위원으로 갔어요. 그때 제가 가공생산자 대표였

84 엄은희의 책 《흑설탕이 아니라 마스코바도: 필리핀 빈농의 설탕이 공정무역 상품이 되기까지》의 35~36쪽을 보면 필리핀은 주, 도시, 군, 바랑가이로 구성되어 있다. 역사적으로 필리핀 전통사회의 기본이 되는 인적 공동체를 '바랑가이'로 부르며, 한국의 읍·면·동에 해당하는 기초적인 행정 단위이다.

85 엄은희, 《흑설탕이 아니라 마스코바도: 필리핀 빈농의 설탕이 공정무역 상품이 되기까지》, 따비, 2018.

잖아요. 거기서 용접도 하고, 설비도 하는데 그건 우리가 할 수 없고, 그런데 뭔가는 하고 싶고요. 그렇다고 벽돌 쌓는 일을 일주일, 열흘 이상 할 수도 없고요. 거기는 손으로 하니까 일주일, 열흘씩 걸리더라고요.

저희가 생각했을 때 공장을 짓게 되면, 식품 공장은 바닥에 초록색으로 에폭시를 칠하거든요? 우리가 몇 명이 가서 열심히 하면 3박 4일 체류하면서도 그게 가능하겠다 싶었어요. 그게 한 번이 아니고 몇 번을 칠해야 되거든요. 칠하고 마르면 또 칠하고 그렇게요. 그래서 제가 제조분과위원회에 있던 동료 생산자 3명하고 에폭시 칠하는 비용을 우리 제조분과위원회에서 마련해서 에폭시를 사서 갔지요. 인건비 주고 해도, 비행기 값 생각하면 별로 큰 차이는 없었을 텐데 이게 시작되고 우리 가공생산자들도 관심을 가져줬으면 좋겠다 싶어서요. 그래서 조금씩 돈을 내라고 해서 그 비용으로 우리가 3일 동안 칠을 했죠. 시간이 촉박한데 밤에 안 하기로 했으니까 낮에 칠하고 밤에 좀 쉬었다 새벽에 일어나서 또 칠하고, 4번인가 칠하고 왔어요. 내 돈을 들여서 좋은 일 하고, 그런 것들이 마음이 즐거웠어요. 덥기도 하고, 잠자리도 안 좋았어요. 근데 제가 필리핀을 제집처럼 여태까지 한 20번은 왔다 갔다 했어요. 저는 필리핀 하면 그 생각만 나요. 에폭시 칠하고 공장 다 만들어놓고 돌아가는 거. 그리고 아이들 춤추고 그런 생각이 나요.

2014년 3월 아이쿱생협의 공정무역 마스코바도 생산지인 필리핀 PFTC 로메오 카팔라 의장의 정치적 암살과 PFTC 마스코바도 공장 방화, 5월 디오니시오 가레트 조합원 살해 사건이 발생했다. 이후 아이쿱생협은 주한 필리핀 대사관 항의 방문은 물론 여러 공정무역단체들과 함께 필리핀 정부, 검찰 등에 항의 서한 발송 및 서명운동 등을 진행했다. 같은 해 8월에는 WFTO의 루디 달바이 의장, 필리핀 시민단체들과 함께 현지를 방문해 해당 지역 지방자치단체장, 경찰청을 항의 방문하고 PFTC 조합원들을 위로, 지지하기도 했다. 아이쿱생협은 위험할 수 있는 순간에도 파나이를 방문하여 PFTC와 함께했다. 단순히 공정무역 마스코바도 설탕을 구매하는 것이 아니라 그들이 힘든 상황에 처했을 때 곁에서 지지하고 함께했다. 이후에도 매해 필리핀 파나이를 방문하여 PFTC와 함께하는 국제적 연대의 힘을 정부에 보여주는 것은 물론 정부 관계자들을 함께 만나기도 한다.

2014년 10월, 아이쿱생협은 WFTO-ASIA 서울 컨퍼런스에서 PFTC를 위한 공동 선언이 가능할지 WFTO-ASIA와 (사)한국공정무역협의회에 요청했고 승인을 받았다. WFTO-ASIA 서울 컨퍼런스 행사 당일에 참석한 모든 이들을 환송하는 만찬에 앞서 지지 서명이 시작되었다. PFTC 로메오 카팔라 의장, 디오니시오 가레트 조합원을 추모하는 짧은 동영상을 함께 본 후 WFTO-ASIA 치트라 바하두르 의장, (사)한국공정무역협의회 남부원 이사장이 함께 공동선언문에 서명을 했다. PFTC 이사이자 파나이 공정무역재단 대표인 루스 살리토 씨가 PFTC 조합원을 대신해 감사 인사와 함께 오늘의 연대가 PFTC가 어떤 탄압에도 굴하지 않을 버팀목이 될 것이라 강조했다. 아이쿱생협소비자활동연합회 회장이 PFTC의 안녕과 안전, 돌아가신 분들의 명복을 비는 인사말과 함께 공동선언문을 낭독했다. 공동선언문이 낭독되는 동안 모든 참석자들은 "JUSTICE FOR PFTC!(PFTC를 위한 정의를!)" "We support PFTC and Fair Trade(우리는 PFTC와 공정무역을 지지합니다)!"라고 쓰인 팻말을 들고 연대 의지를 밝혔다.[86]

그림26 필리핀 PFTC를 위한 서명운동(2014)[87]

그림27 필리핀 AFTC 커뮤니티 센터[88]

2015년에는 (재)자연드림씨앗재단의 지원으로 커뮤니티 센터가
건립되었다. 당시 (재)자연드림씨앗재단의 故신복수 이사장이 아이쿱생
협에서 7년간 활동하면서 받은 활동비 1억 원과 개인 사비 5000만 원,
그리고 예전에 자연드림 식당 운영이 어려울 때 투자한 돈을 아이쿱생
협에 내어달라 요청하여 건립했다.[89] 현재 커뮤니티 센터는 AFTC 회원
및 공장 노동자들의 식사 및 휴식 공간은 물론, 그들 자녀들의 방과 후
여가 공간으로 활용되고 있다. 때론 AFTC 회의 공간으로도 활용한다.
그리고 아이쿱생협 활동가들이 공정여행 프로그램을 통해 AFTC를 방

86   김영미, 〈PFTC에 더욱 강력한 국제 공정무역 연대의 힘을!〉, iCOOP생협 홈페이지,
     2014(http://icoop.coop/?p=7007003). (검색일: 2020.10.1.)

87   대구아이쿱생협, 〈필리핀 공정무역 마스코바도 생산지PFTC의 공정무역/협동조합운동이
     중단되지 않도록 힘을 보태주세요〉, 2014.3.27. (http://bit.ly/3aVrkvg) (검색일: 2020.10.1.)

88   변수미, 〈2019필리핀공정무역연수를 가다〉, SAPENet, 2019.12.10. (http://icoop.
     coop/?p=8006915) (검색일: 2020.10.1.)

89   차형석,《아이쿱 사람들: 협동조합의 문을 열다》, 알마, 2016.

그림28   필리핀 AFTC 마스코바도 공장 건립 프로젝트 소개[90]

90   아이쿱생협, 〈세계공정무역의 날 캠페인 "이렇게 공정할 슈가!"〉, SAPENet, 2018.5.3.
      (http://icoop.coop/?p=7988770) (검색일: 2020.10.1.)

문할 때 게스트룸으로 이용하는 곳 역시 커뮤니티 센터다.

아이쿱생협 조합원, 직원, 생산자회, 연구소 등 아이쿱생협과 관련된 다양한 사람들이 거의 매년 필리핀 파나이의 PFTC와 AFTC를 방문하고 있다. 공정여행으로, 때로는 활동가 연수로 방문하면서 지속적으로 생산자들과 교류하고 있다. 또한 국내에서는 다양한 캠페인을 통해 마스코바도에 담긴 공정무역의 의미를 확산시키고 있다.

제가 정말 보람을 느꼈던 것은 처음에 제가 안티케 지역에 갔을 때는 그 지역에 학교 다니는 애들이 없었어요. 엄마, 아빠가 사탕수수를 꺾어서 갖고 오면 3~4살짜리 애기들이 사탕수수 하나를 질질 끌고 엄마, 아빠를 따라다니고 그랬어요. 그런데 설탕공장을 세우고 나서 1년 후에 갔으나, 그땐 애들이 학교에 다니기 시작하더라고요. 우리가 처음 공장을 짓기 시작할 때, 소작을 했던 사람들이 하는 이야기 들어보면 아이들 학교 보내고 싶고, 또 자기 땅을 갖고 싶고 그런 이야기였어요. 설탕 공장을 짓고 사업을 하면서 표정이 밝아진 것은 물론, 바라온 일들이 실행되고 있더라고요. 애들이 학교 가려고 가방을 메고 다니고요. 결국은 그런 것 때문에 우리가 하는 것이겠지요.

엄은희(2018)는 자신의 책에서 아이쿱생협의 지원으로 AFTC가 설립된 뒤 지역사회에 의미 있는 변화가 나타났음을 설명한다. 첫째, 공정무역 생산지의 공간적 확산이 이루어졌다. 일로일로(Iloilo) 주를 중심으로 운영되던 PFTC는 AFTC 설립과 함께 안티케 주로 활동 범위를 확장시킬 수 있었다. 이로 인해 공정무역 네트워크 수혜자 그룹이 확대되었다. 둘째, PFTC의 운영 역량이 향상되었다. 아이쿱생협과의 파트너십 형성으로 생산지를 신규 발굴하고 조직화하는 과정에서 조직적 측면과 사업적 측면 모두에서 역량 강화가 이루어졌다. 셋째, 지역사회 경제 활성화에 기여했다. 안티케 주의 60여 명의 소농들이 새롭게 공정무역에 참여함으로써 농민들은 상당한 추가 소득을 얻게 되었다. 넷째, AFTC에 참여하는 회원 농민들은 설탕 공장 운영에 참여함으로써 추가적인 소득은 물론 자치적인 운영 역량 향상에 기여할 수 있었다.[91]

협동조합 간 협동

아이쿱생협은 공정무역을 통해 개발도상국의 협동조합과 연대할 수 있는 기회를 갖게 되었다. 스스로 빈곤에서 벗어나 발전하려는 의지를 가지고 있는 협동조합들은 다양한 비즈니스 모델을 만들어가면서 발전을 꾀한다. 그중에는 공정무역을 통해 판로를 다각화하고 공동체의 발전을 꾀하는 협동조합이 있다. 아이쿱생협이 거래하는 대부분의 공정무역단체들은 생산자 협동조합이거나 협동조합과 유사한 형태의 조직들이다. 각 국가별 상황에 따라 공정무역 인증을 받는 농산물을 생산하는 생산자들은 협동조합을 만들거나 협회, 단체, 조합 등 다양한 용어로 번역되는 어소시에이션(association), 또는 그룹을 결성하여 농산물을 생산하고 판매한다.

구체적으로 살펴보면 다음과 같다. 필리핀 파나이의 PFTC는 6개 어소시에이션 362명의 생산자들이 생산한 사탕수수를 수출한다. 올

---

91   엄은희, 《흑설탕이 아니라 마스코바도: 필리핀 빈농의 설탕이 공정무역 상품이 되기까지》, 따비, 2018.

리브오일과 아몬드를 수출하는 팔레스타인의 카나안페어트레이드는 2000여 명의 생산자들이 51개 어소시에이션에 가입되어 있다. PDS 오가닉 스파이시스는 2000여 명의 생산자들이 그룹을 형성하고 있는데, 그중 430명의 생산자가 공정무역 인증 후추와 강황을 생산하고 있다. 공정무역 카카오 가공품을 수출하는 페루의 마추픽추푸드는 17개 협동조합 5600여 명의 생산자들과 함께한다. 공정무역 젤리 등을 제조, 유통하는 옥스팜 베렐드빙켈스(Oxfam Wereldwinkels)는 32개의 협동조합과 거래하며, 디카페인 커피를 제조하는 스위스 워터(Swiss Water)는 84개 협동조합들과 거래한다.[92]

단일 협동조합이 생산부터 수출까지 직접 하는 경우도 있다. 콜롬비아에서 공정무역 커피를 생산하는 아그로타타마(Agropecuaria Organica Tatama S.A.S), 코스타리카 커피 생산자 협동조합 쿠페아그리알엘(CoopeAgri R.L.) 등이 여기에 해당된다.[93] 국제공정무역기구는 민주적 조직과 참여의 원칙에 기반하여 특정 품목을 생산하는 협동조합, 어소시에이션, 농장, 공장 등을 대상으로 농산물을 인증한다. 공정무역은 생산자 조직에 참여하는 회원들이 의사결정 과정에서 자신들의 목소리를 내고 투표에 참여하는 민주적인 절차를 중요하게 고려한다. 특히 조직 차원에서 받는 공동체발전기금의 사용 방법을 결정할 때 민주주의적 운영 방식은 중요하다.

여기서 아이쿱생협과 거래하는 다양한 생산자단체 중 인상적인 2곳의 협동조합을 소개하려 한다. 첫 번째로 소개할 곳은 페루의 공정

92 김선화, 신효진, 《(주)쿱무역 공정무역백서(미간행)》, 2021.
93 같은 책.

무역 바나나 협동조합 앱보사다. 2003년 2월, 100여 명의 생산자들이 중심이 되어 설립한 협동조합 앱보사는 같은 해 공정무역 인증을 받고, 2004년 4월부터 공동체발전기금을 받기 시작했다. 이후 3년간 부단한 노력을 거쳐 페루의 생산자 협동조합 중 최초로 해외 유기농 인증을 획득했다. 해외 수출을 통해 지속적인 성장을 거듭하고 있으며 현재는 500여 명의 생산자들이 협동조합에 함께하고 있다.

두 번째 사례는 1962년 코스타리카 페레즈 젤레돈(Perez Zeledon) 지역의 가난한 농부 391명이 모여서 설립해 현재는 지역의 대표적인 협동조합으로 성장한 쿠페아그리 알엘(이하 쿠페아그리)이다. 쿠페아그리는 커피와 사탕수수 수출로 수익을 냈고, 그 이익금으로 부가가치를 높이기 위해 시설 및 공장을 세우거나 조합원과 지역 주민의 생활에 필요한 다양한 서비스를 제공하고 있다. 창출된 조합원들의 소득이 협동조합 내에 머무를 수 있도록 비즈니스 모델을 만들어왔다는 특징을 보인다.

페루 공정무역 바나나 생산자단체 앱보사[94]

우리나라는 연간 약 100만 톤이 넘는 과일을 수입한다. 그중 바나나가 차지하는 비중은 약 19퍼센트다(2017년 기준). 바나나는 특유의 달콤한 맛과 부드러운 식감으로 남녀노소를 불문하고 간편하게 즐길 수 있어

94 신효진이 2020년 10월 29일 라이프인에 쓴 〈[협동조합×공정무역] 우리의 소비가 만들어가는 변화〉라는 제목의 글을 정리하여 수록하였다. 글의 내용은 앱보사 홈페이지(https://www.appbosa.com.pe/)와 앱보사의 바나나를 유통하는 네덜란드의 공정무역 유통회사인 아그로페어 베네룩스 유튜브(https://youtu.be/JBY1MxNTbbg)의 내용을 참고하여 구성하였다.

사랑받고 있다. 그래서 바나나는 세계에서 가장 많이 소비되는 과일 중 하나이기도 하다. 바나나 산업은 세계적인 다국적기업들이 독점하고 있는데, 이들이 바나나의 생산비와 판매 가격을 낮추기 위해 노동자의 인권을 침해하고, 환경을 파괴하는 사례가 빈번하게 보고되고 있다. 바나나 생산자와 생산지가 꿈꾸는 안전하고 행복한 노동, 건강한 환경은 현실에서 만날 수 없는 것일까.

바나나가 공정무역을 만나 그 꿈을 이루어가고 있다. 소규모로 바나나를 재배하는 농민들은 협동조합을 만들고 높은 사회적·환경적 기준을 따르며 공정무역 바나나를 생산한다. 2013년 협동조합 간 대안무역 차원에서 태국산 바나나를 국내 최초로 취급한 아이쿱생협은 다음 해 페루산 공정무역 바나나를 공급했다. 태국에서는 아이쿱생협에서 필요로 하는 물량을 맞출 수 없었기 때문이다. 그래서 아이쿱생협은 2017년부터 유럽의 공정무역 청과회사 아그로페어, 아그로페어의 남미 생산지 앱보사와 인연을 맺고 지금까지 공정무역 바나나를 공급하고 있다.

페루 북서부 피우라(Piura) 주 사만(Saman) 지역에 위치한 앱보사(The Association of Small Producers of Saman and Anexos, APPBOSA)는 유기농 바나나를 생산하는 소규모 생산자들의 협동조합이다. 생산자들은 2500~1만 제곱미터의 소규모 농지에서 유기농 바나나를 생산한다. 페루는 유기농 바나나 수출에서 중요한 위치를 차지하고 있는데, 특히 페루에서 생산되는 바나나를 작은 규모의 소작농들이 연합하여 생산하고 있다는 사실이 중요하다. 앱보사의 시작은 1990년대 후반으로 거슬러 올라간다. 당시 진행된 농지 개혁으로 지역 주민들에게 일정 크기의 토지가 분배된다. 이들은 '바나나'라는 새로운 작물 재배에 매력을 느꼈

그림29 앱보사 위치

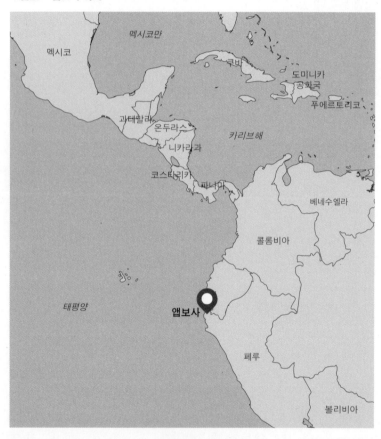

으나 이 낯선 작물을 재배할 것인지를 놓고 신중할 수밖에 없었다. 과일
이 상품화되면서 특정 작물 중심으로 농업 생산 구조가 재편되어 과일
의 가격 변동, 재배 환경 변화 등 통제할 수 없는 상황에서 쉽게 어려움
을 겪을 수 있기 때문이다. 이때, 발렌틴 루이즈(Valentín Ruiz)[95]가 이끄
는 생산자 그룹에서 바나나 위원회를 조직한다. 그는 생산자들이 놓여
있는 불안정한 현실을 타개하기 위해 공정무역 방식으로 바나나를 공

급하는 것이 필요하다고 생각했다.

변화를 향한 논의 속에 2003년 2월, 약 100명의 생산자들이 중심이 되어 앱보사를 설립하였다. 같은 해 공정무역 인증을 받은 앱보사는 2004년 4월부터 공동체발전기금을 받기 시작했으며, 3년간의 지속적인 노력을 통해 페루의 생산자 협동조합 중 최초로 해외 유기농 인증을 획득했다. 앱보사는 생산하는 과일의 100퍼센트를 유기농으로 재배하고 있다. 2007년이 끝나갈 무렵, 앱보사는 국제공정무역기구의 생산자사업부, 수입업체들의 지원을 받아 바나나를 수출용으로 포장하는 공장을 설립했다. 페루 최초로 바나나 수출에 성공한 앱보사는 현재 유럽, 미국 등 여러 지역에 고객들을 두고 있다. 결코 녹록치 않은 상황이었지만 앱보사 구성원들은 시작 단계부터 공정무역을 선택해 부단히 도약의 초석을 닦았다. 앱보사의 성공에는 공정무역 회사 아그로페어의 지지와 생산자들이 있다. 소규모 생산자들이 모인 앱보사는 지속적으로 바나나 재배와 관련된 교육과 훈련을 진행했다. 생산자들은 여기에 적극 참여하며 까다로운 공정무역 기준에 부합하는 바나나 생산을 현실로 이루어냈다. 100여 명에서 시작한 앱보사 협동조합 조합원은 현재 약 500명으로 늘어났다.

지난 2008년, 앱보사는 공정무역 공동체발전기금으로 케이블웨이를 설치했다. 그 덕분에 생산자들은 더 이상 무거운 바나나 뭉치들을 등

---

95 발렌틴 루이즈는 앱보사의 창립 멤버로 지난 8년간 이사로 재직했다. 또한 공정무역 유기농 바나나 소규모 생산자들의 네트워크(REPEBANCJ PERU)에서 코디네이터로 활동하고 있다. 네트워크는 7개의 소규모 생산자 조직이 모여 있는 곳으로 전체 생산자 규모는 약 2700명에 이른다. 그는 네트워크에서 5년 동안 회장 역할을 맡아 소규모 생산자들의 권리 향상을 위해 활동했다(Fairtrade America, *What's Fair with Valentín Ruiz Delgado, banana producer in Peru* (https://bit.ly/3duAzU9) (검색일: 2020.10.2.)).

에 짊어지고 포장 공장까지 옮기지 않게 되었다. 케이블웨이 설치로 이
동의 부담이 줄어든 것은 물론 수출에 적합한 흠 없는 바나나 공급이
용이해져 수익적으로도 이득을 보았다. 앱보사의 도전은 생산자 지원
에만 그치지 않는다. 바나나 생산을 둘러싼 전체적인 상황을 고려해 인
프라 개선을 위한 투자에도 적극적이다. 생산 조합원들의 열정적인 참
여에 바탕한 결사체로서의 힘과 새로운 시스템의 적극적인 도입이라는
사업 경영의 힘이 앱보사가 안정적으로 운영될 수 있도록 이끌고 있다.
앱보사의 목표는 조합원들의 삶의 질을 향상시키고, 생산 작업의 현대
화를 통해 소비자들에게 더 건강한 바나나를 제공하며 환경을 보호하
는 것이다. 앱보사의 목표는 차근차근 실현되고 있다.

　앱보사의 노하우가 축적된 공정무역 유기농 바나나는 소규모 농장
에서 천연비료와 식품 보호 제품을 사용하여 재배된 바나나를 의미한
다. 양질의 바나나 열매 생산을 위해서는 사람의 손을 많이 거쳐야 한
다. 그 과정을 들여다보면 바나나 하나에 얼마나 많은 정성이 담겨 있는
지 새삼 느낄 수 있다. 높은 품질로 손꼽히는 앱보사의 바나나는 세심한
관리 속에 탄생한다. 그 여정을 간단히 살펴보면 다음과 같다.

　모종 작업을 거친 바나나는 꽃망울이 바나나잎 사이로 나오면서
열리기 시작한다. 농약이나 화학비료 없이 재배하는 바나나는 수확까
지 긴 여정을 거친다. 우선 바나나 나무의 기둥을 잘 닦고 병충해가 바
나나에 피해를 주지 않도록 바나나 뭉치에 비닐 커버를 덮는다. 이는 햇
빛이 직접 바나나에 닿지 않도록 보호하는 역할을 한다. 일반 바나나 농
장은 바나나를 덮는 비닐 커버에 농약을 도포해 병충해를 예방한다. 하
지만 앱보사는 농약을 도포하지 않는 것은 물론 그렇게 한 번 사용한
비닐을 리사이클링 센터에서 다시 정비하여 재사용한다. 그렇게 바나

그림30　공정무역 바나나 세척 과정[96]

나 뭉치는 2개월 반에서 3개월간 비닐 커버에서 기다림의 시간을 보낸다. 그런 다음에 본격적인 바나나 수확이 시작된다.

　수확한 바나나는 케이블웨이를 통해 세척, 포장 등의 작업이 이루어지는 포장 공장으로 이동한다. 포장 공장에 도착한 바나나는 세척과 소분, 무게 측정 등의 과정을 거친다. 그리고 상자에 담겨 세계 곳곳으로 배송될 최종 준비를 하게 된다. 항만 운송을 통해 페루에서 우리나라까지 오는데 약 1개월여가 소요된다. 입항 후, 검역과 방역을 거치고 혹시라도 있을지 모를 잔류 농약을 검사하는데 3~4일 정도가 걸린다. 바나나 후숙 정도에 따라 다시 약 4~5일의 후숙 과정을 거친다. 그렇게 페루 북서부에서 공정무역 유기농 바나나를 생산하는 생산자들의 자부심이 고스란히 담겨 있는 바나나가 우리나라 곳곳의 아이쿱생협 조합

96　손연정, 〈바나나와 함께 웃다〉, 네이버 블로그, 2017.5.16. (https://www.shrunken.com/a8ZCp) (검색일: 2021.3.1)

원 가정으로 전달되고 있다.

아이쿱생협은 2019년 기준, 약 1500톤의 바나나를 앱보사로부터 들여왔다. 연간 1만 2000톤 규모의 바나나를 생산하는 앱보사 생산량의 10퍼센트가 조금 넘는 규모가 아이쿱생협에서 소비되고 있다. 아이쿱생협과 앱보사 사이에서 이루어지는 공정무역은 소규모 생산자들이 그들의 노동의 결실에 대해 더 나은 가격을 받고, 공동체발전기금을 받는다는 것을 의미한다. 앱보사는 이 공동체발전기금으로 지역사회를 변화시키고 있다. 일찍이 공정무역 인증을 받은 앱보사는 올해 공동체발전기금을 받은 지 17년 차에 접어들었다. 지역의 주거 환경이나 관개수로 개선이 어느 정도 안정화된 상태로 이제 공동체발전기금은 청소년들의 교육 환경 개선이나 의료 혜택 마련 등 삶의 질을 보다 높이기 위한 영역에 사용되고 있다. 앱보사는 지역 내 학교에 학생들을 위한 악기와 용접 장비 등을 기부했다. 교육 커리큘럼의 다양성을 위한 노력인 동시에 학생들의 역량 개발로 취업 기회를 넓히고 새로운 가능성을 만들려는 시도다.

여성 인권 향상을 위한 기여도 눈여겨볼 지점이다. 여전히 여성에 대한 차별이 남아 있는 남미의 전반적인 상황과 비교할 때, 앱보사에서 여성 권리 향상을 위해 기울인 노력은 더 큰 의미를 갖는다. 앱보사 전체 조합원 중 여성의 비중은 약 15퍼센트다. 앱보사는 여성 기업가 육성, 소기업 창업 기회 제공이라는 목적을 갖고 요리 수업을 개설해 지역 여성들의 소득 증진 방법을 모색했다. 공정무역 유기농 바나나를 구매하는 것은 앱보사가 위치한 페루 피우라 주 사만 지역에 변화의 씨앗을 심고 뿌리내릴 수 있도록 가꾸는 것이라 할 수 있다. 지역사회의 변화를 모색하는 과정에서 공정무역의 역할이 두드러진다.

그림31 아이쿱 세계 공정무역의 날 캠페인, 바나나 함께 웃다 (2017)[97]

공정무역이 고마워요, 그 덕분에 이 요리 수업이 운영될 수 있으니까요. 그리고 앱보사에도 감사합니다. 내년에도 이러한 활동이 지속되어 가족들에게 도움이 될 수 있으면 좋겠습니다. 요리 수업은 사업을 시작하는 데 큰 도움이 될 수 있습니다. – 요리 수업 참여자 루이 메나(Rui Mena)[98]

아이쿱생협의 조합원들은 공정무역 바나나를 소비하면서 1만 6000여 킬로미터 떨어진 페루의 공정무역 생산자들과 관계를 맺게 된

97   손연정, 〈바나나와 함께 웃다〉, SAPENet, 2017.6.27. (http://icoop.coop/?p=7979448) (검색일: 2020.10.1.)

98   AgroFair, *Sustainability Report 2018* (https://www.agrofair.nl/wp-content/uploads/AgroFair_sustainability_report_2018_online.pdf) (검색일: 2020.10.1.)

다. 그리고 소비를 통해 생산자들에게 미치는 영향과 변화를 직접 확인
하고 있다. 공정무역을 만난 바나나가 꽃피운 변화가 계속 열매를 맺을
수 있도록 내일을 여는 소비를 확장해가야 한다.

코스타리카 공정무역 커피 생산자단체 쿠페아그리 알엘[99]

아이쿱생협에서 공정무역 인증 코스타리카 커피 생두를 공급하기 시작
한 것은 2018년부터다. 질 좋은 공정무역 커피 생두를 늘리기 위해 지
속적으로 노력하던 중 코스타리카 공정무역 커피 생산자단체 쿠페아그
리를 알게 되면서 거래가 시작됐다. 쿠페아그리는 페레즈 젤레돈 지역
의 가난한 농부들이 모여서 만든 오랜 역사를 지닌 협동조합이다. 협동
을 통해 지속적으로 발전을 이뤄온 협동조합이지만 공정무역이 아니었
다면 우리는 이 협동조합을 알지 못했을 수도 있다. 이처럼 공정무역은
아이쿱생협이 다른 나라의 협동조합들과 거래를 통해 연대할 수 있는
기회를 만든다. 지금부터 쿠페아그리를 살펴보자.

코스타리카 페레즈 젤레돈 지역의 가난한 농부 391명은 커피 생두
의 제값을 받고 싶었다. 과거 코스타리카에는 3개의 큰 회사가 커피 가
격을 결정했다. 코스타리카의 수도 산호세에서 차로 3시간 거리에 위치
한 페레즈 젤레돈 지역의 농부들은 이 문제를 해결하기 위해서 1962년
협동조합 쿠페아그리를 설립했다.

---

99   김선화가 2020년 10월 22일에 라이프인에 쓴 〈[협동조합×공정무역] 391명 농부들
     이 시작한 1,320억의 성공〉이라는 제목의 글을 정리했다(https://www.lifein.news/
     news/articleView.html?idxno=11408). 글의 내용은 쿠페아그리 홈페이지(http://www.
     coopeagri.co.cr/)와 쿠페아그리 담당자 인터뷰 내용을 참고하여 구성하였다.

391명의 동료들과 함께 시작했지만 운영에 필요한 자본은 사실상 거의 없는 상태였습니다. 그러나 협동조합은 조금씩 경제적으로 성장하기 시작했습니다. - 밀톤 폰세카 바르마세다(Milton Fonseca Balmaceda)의 글[100]

쿠페아그리의 조합원들은 소득을 늘리기 위해 **첫째,** 커피와 설탕을 수출했다. **둘째,** 가공 공장을 설립해 물품의 부가가치를 높였다. **셋째,** 조합원들이 살고 있는 지역에 필요한 슈퍼마켓, 주유소, 농기구 판매점 등 지역 비즈니스를 시작하여 조합원들이 커피와 사탕수수 생산으로 얻은 수입을 쿠페아그리를 통해 다시 소비하도록 비즈니스 모델을 만들었다. 코스타리카 사람들은 "쿠페아그리가 없는 페레즈 젤레돈은 상상할 수 없다"라고 말한다. 쿠페아그리는 1969년에 처음 슈퍼마켓을 열었고, 1974년에는 설탕 공장을 지었다. 2018년에는 편의점, 2019년에는 음료 생산 공장을 설립했다. 구글 지도에서 CoopeAgri만 검색해도 페레즈 젤레돈에 쿠페아그리가 운영하고 있는 다양한 공장, 마트, 주유소 등이 검색된다.

391명의 농부들이 시작한 쿠페아그리 협동조합은 현재 7000명의 농부들이 조합원으로 참여할 만큼 성장했다. 2019년 말 매출은 약 1320억 원 규모다. 이러한 발전이 어떻게 가능했을까. 쿠페아그리의 공정무역 인증 커피를 수입하여 아이쿱생협에 공급하고 있는 엘까페딸의 마르셀라 대표의 도움을 받아 쿠페아그리의 판매 책임을 맡고 있는 조

---

100 CoopeAgri, *Protagonistas* (http://www.coopeagri.co.cr/protagonistas/) (검색일: 2020.10.1.)

그림32   페레즈 젤레돈 지역의 쿠페아그리 알엘

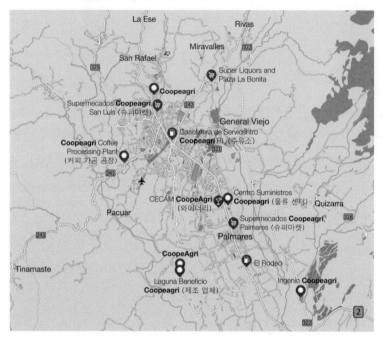

너선 두란 매니저와 온라인 화상 인터뷰를 진행했다.

협동조합은 협동조합이 추구하는 목적에 동의하는 사람들이 참여합니다. 협동조합의 사업이 성공적일 때, 그 협동조합의 구성원은 물론 지역사회까지, 많은 사람들에게 혜택이 돌아갑니다. 협동조합은 대표자 1명이 아닌 모두를 위해 운영되기 때문이죠. 코스타리카와 같이 작은 나라에서 수많은 소규모 생산자와 소기업들이 성장하기에 가장 좋은 방법은 협동조합입니다.

쿠페아그리도 여타의 협동조합처럼 조합원 중에서 대의원이 선출

그림33 쿠페아그리 주유소[101]

되고, 대의원들이 참여하는 총회에서 주요한 결정을 내린다. 4년마다 조합원 50명당 1명의 대의원을 선출하고 이들이 매년 총회에 참석한다. 총회에서는 대표자가 선출된다. 이러한 협동조합 구조는 조합원들의 의견이 중요한 의사결정에 반영되게 한다. 조너선은 "커피와 사탕수수는 협동조합의 중요한 생산품이지만, 지역에 슈퍼마켓, 비료 공장, 커피 공장 등이 생기면서 거래 조건이 좋아지고 비용 절감이 가능해졌습니다"라고 말한다.

조합원들의 의견을 반영했기 때문에 농사짓는 과정에서 발생하는 비용이 절감될 수 있었고, 생활의 불편을 해소하는 생활 편의 비즈니스가 확장되었다. 쿠페아그리는 이익이 발생하면 조합원들에게 분배하기도 하지만 주로 신규 사업에 투자함으로써 협동조합의 발전과 더불어 지역 발전을 이루어왔다.

쿠페아그리 협동조합의 슬로건은 "발전을 위한 대안(development alternatives)"이다. 쿠페아그리는 항상 조합원들과 함께 새로운 대안을

---

101 CoopeAgri, *CoopeAgri Servicentro* (http://www.coopeagri.co.cr/negocios/servicentro/) (검색일: 2020.10.1.)

마련해왔다. 각 사업마다 목표를 설정하고, 매년 운영 계획을 세우고 투자한다. 목표를 설정할 때 비즈니스, 환경, 그리고 사회적 균형을 고려한다. 조직의 존재 이유에 집중하면서 5년, 10년 후 지금보다 더 나은 위치에 있기 위해 무엇을 해야 할지 고민하면서 장기 전략과 계획을 세운다. 그리고 매년 각 사업별로 목표를 평가한다. 목표 달성 여부를 협동조합의 모든 구성원들이 알게 된다. 또한 사업 개발에 관여하는 모든 사람들이 사업의 수치와 구조를 명확하게 알고 있다고 한다.

조녀선은 매년 조합원들과 함께 조합원들의 이익을 극대화할 수 있는 프로젝트와 사업을 찾고, 무엇이 더 좋을지 함께 고민해왔다고 말한다. 그렇게 추진되는 프로젝트나 사업이 성공하면 자신들에게 이익이 돌아온다는 사실을 알기 때문에 조합원 모두 적극적으로 아이디어를 내고, 시장의 트렌드가 무엇인지를 파악한다. 조합원들은 자신들이 생산한 커피와 사탕수수를 수출하고 가공함으로써 소득을 높일 수 있는 기회를 얻는다. 쿠페아그리는 슈퍼마켓, 주유소, 부동산 거래 등 지역 주민들의 편의를 높이는 비즈니스를 제공하여 협동조합의 소득 증대는 물론 조합원을 비롯한 지역 주민들의 삶의 질을 높이기 위해 노력해왔다. 그 과정에서 쿠페아그리의 조합원 수는 계속 증가했고, 현재 대부분의 주민들이 쿠페아그리와 관계를 맺고 있다.

쿠페아그리에는 '크리스마스 솔루션'이라는 프로젝트가 있습니다. 이렇게 이름이 붙은 이유는 크리스마스 시즌에 집을 짓기 때문입니다. 이 프로젝트는 19년 전 총회에서 한 조합원의 제안으로 시작됐습니다. 지역에 굉장히 어렵고 힘든 상황에 있는 사람들이 많으니 조합원 임금의 일정 부분과 협동조합 수익의 일부를 기부하여 가난한 사

람들의 집을 짓자는 것이었습니다. 프로젝트가 시작된 후 지금까지 80
여 채의 집을 지었습니다. 현재 공정무역 공동체발전기금의 일부를 크
리스마스 솔루션을 위해 사용하고 있습니다.

쿠페아그리 조합원들은 약 5000톤의 커피와 약 3만 톤의 사탕수수
를 생산한다. 설탕의 경우 1994년부터 공정무역 인증을 받았고, 생산량
의 10퍼센트를 공정무역으로 판매하고 있다. 커피의 경우 전체 생산량
의 80퍼센트를 수출하고 있으며, 2004년 공정무역 인증을 받으면서 15
퍼센트 정도를 공정무역으로 수출하게 되었다. 그 15퍼센트의 공정무
역 커피에는 아이쿱생협에서 판매하는 커피도 포함되어 있다.

조너선은 공정무역으로 판매하면 일반 시장 가격에 공동체발전기
금을 더 지급받는다고 말한다. "우리와 함께 10년~15년을 거래해온 고
객들은 지금도 여전히 거래를 지속합니다. 하지만 새로운 고객을 찾는
것이 쉽지만은 않습니다. 공정무역은 공동체발전기금이 포함되어 있
어 생산자들을 도울 수 있습니다. 쿠페아그리는 비료 운송, 나무 심기
등 여러 프로젝트에 공동체발전기금을 사용합니다. 예를 들어, 커피 공
장에서 각 생산지로 비료를 운반할 때 많은 비용이 드는데, 운반 비용
이 비료 구입 비용보다 비싸 비료 자체를 사용할 수 없는 경우에 지원
을 합니다. 또한 지역의 야생동물을 보호하거나 수자원 보호를 위해서
도 사용합니다. 그리고 지역 주민들이 이용하는 슈퍼마켓, 주유소 재정
비에도 공동체발전기금이 사용됩니다."

조너선에게 코로나19로 인한 어려움을 물었다. 그는 생산자와 직
원들을 보호하기 위해 노력하고 있지만 지역사회에 감염자가 발생하면
서 쿠페아그리도 어려움을 겪고 있다고 설명했다. 또한 쿠페아그리 고

그림34 쿠페아그리 커피 생산지[102]

객들이 물품 공급 연기를 요청하면서 자금 흐름에 문제가 생기기 시작했다고 말했다. 코스타리카에서 커피 수확은 7월부터 시작되며, 그때 생산자들에게 생두값을 지불해야 하는데 자금 흐름에 문제가 생기면서 재무적으로 큰 타격이 있을 것으로 조녀선은 예상하고 있다.

가장 큰 위기는 7월 커피콩 수확 시기에 올 수 있다. 커피콩 수확을 위해 쿠페아그리를 찾는 노동자의 50퍼센트가 인근 파나마, 니카라과에서 오는데 국경 폐쇄로 이들의 참여가 힘들다는 것이다. 또한 코로나19 대비를 위해 노동자들에게 개별 공간을 제공하고, 위생 조건도 갖춰야 하는 상황이라 어려움이 예상된다고 말했다. 만약 노동자 중 1명이라도 코로나 증상을 보이면 14일 동안 격리하고, 이로 인해 발생하는 모든 비용을 제공해야 한다. 조녀선은 노동자들이 머무를 새로운 공간을 마련하고 일하는 사람들 간의 거리를 유지·보호하는 준비 작업이 쉽지 않다고 설명했다.

코스타리카에서 공정무역 커피를 통해 아이쿱생협과 파트너십을 형성하고 있는 쿠페아그리는 농부들이 가난을 벗어나기 위해서 만든

---

102 CoopeAgri (http://www.coopeagri.co.cr/negocios/servicentro/) (검색일: 2020.10.1.)

협동조합이다. 이후 조합원과 지역의 필요를 적극적으로 반영하면서 성공의 길을 걸어왔다. 커피와 설탕의 해외 수출은 물론, 슈퍼마켓, 주유소, 부동산 거래 서비스, 농기구 공급 등 지역의 필요를 차곡차곡 충족하면서 협동조합도 지역도 함께 발전했다. 해외 수출을 통한 매출 증대와 지역 비즈니스를 통한 매출 창출로 협동조합을 키워온 것이다.

개발도상국에서 공정무역 제품을 생산하는 많은 조직들이 협동조합을 구성한다. 민주적으로 조합원들의 의견이 반영될 수 있는 조직 구조를 형성하기 위함이다. 조너선은 인터뷰에서 쿠페아그리는 협동조합 지원을 위해 설립된 코스타리카의 지원 조직들로부터 재무, 대출, 역량 개발, 시장 개척 등의 도움을 받았지만, 해외 원조 등은 거의 받지 않았다고 말했다. 스페인 협동조합에서 역량 개발을 지원받았고, 옥스팜으로부터 새로운 해외 시장 개척을 위한 도움을 받았지만 쿠페아그리 스스로 이익을 내고 발전해왔음을 강조하였다. 이는 개발도상국뿐만 아니라 모든 협동조합에 보편적인 메시지를 남긴다. 자원이 부족한 경우에도 스스로 발전하려는 의지와 내부의 협력이 뒷받침된다면, 힘든 과정을 딛고 건강한 발전을 이루어갈 수 있다는 사실 말이다. 그리고 공정무역은 협동조합 스스로를, 또 지역을 발전시키기 위한 유용한 방안이 될 수 있다는 것을 보여준다.

2부

지역과 함께하는
공정무역마을운동

4장 소비를 넘어 운동으로

학습하며 실천해온 공정무역

아이쿱생협은 학습하는 조직이다. 조합원, 활동가를 대상으로 연합회는 물론 회원생협에서도 다양한 교육 프로그램을 제공한다. 조합원들은 학습에 참여하면서 자연스럽게 협동조합의 가치와 의미를 이해하게 된다. 이러한 조직문화는 공정무역 활동에도 영향을 주었다. 활동가들은 스스로 공정무역 교육 프로그램을 기획하고 학습 모임을 운영하며 공정무역에 대한 이해를 확장시킬 수 있었다. 나아가 조합원은 물론 일반인에게도 공정무역에 관한 다양한 교육 기회를 제공하여 공정무역에 대한 인식을 사회 전반적으로 높이는 데 기여하였다. 교육은 스스로를 성찰하며 왜 공정무역이 필요한지 깨닫는 기회를 제공한다. 2019년, 다양한 공정무역 교육 과정에 참여한 조합원들의 소감은 이를 잘 드러낸다.

　　이제껏 살면서 어깨너머로 들었던 공정무역은 원조와 다를 바 없
는, 개발도상국을 돕기 위한 소비였다. 이익을 위해서 더 저렴하게 구
입할 수 있는 방법들이 많음에도 불구하고 공정무역 소비를 하는 것은
다른 사람들을 도와 선한 일을 하는 방법 중 하나라고만 생각했다. 그
런데 이번 강의를 통해 정의와 원칙을 알아보면서 생각을 전환하게 되
었다.

　　공정무역은 잘사는 누군가가 다른 사람을 돕는 것이 아닌, 함께
살아가는 것을 의미했다. 같거나 비슷한 품질의 상품을 조금이라도 더
싼 가격에 구매하고자 하는 소비자의 심리를 노리는 대형 할인마트나
대기업과는 달리, 생산자의 권리를 보호하고 그들의 환경을 지원함으
로써 더 좋은 품질의 제품을 생산할 수 있도록 돕는다. 그들이 살 만
한 환경이 되었을 때 여유를 가지고 더 정성을 들일 수 있으니 그에 적
당한, 정당한 값을 지불하는 것은 악순환을 선순환으로 바꾸는 가치를
가지고 있다고 생각했다. 그와 더불어 싸게 많이 팔아야만 팔린다는
개념과 거리가 멀기 때문에 자연을 훼손하고 이익을 위한 땅으로 바꾸
지 않아도 내 형편이 보장되므로 지구의 일부분들이 잘 버텨지고 있지
않은가 싶다. 하지만 공정무역은 여기서 그치지 않고 다음 단계를 준
비하고 있었다. 바로 생산자와 생산 환경을 위한 지식과 기술을 전달
하고 교육하는 것이다. (중략)

　　공정무역을 깊이 알지 못하면 마치 소비자가 생산자를 돕기 위한
행동처럼 보이지만 사실 공정무역은 소비자가 자신이 살아가야 할 환
경과 터전을 지키기 위해서 선택해야 하는 것이다. 내가 사는 곳과 멀

리 떨어진 곳의 상황이 오늘 나의 일상을 깊숙이 파고든 여러 가지 환경문제, 사회문제들과 연관이 있기 때문이다. 돕는 일이 아니라 나와 내 가족이 인간답게 살기 위해서, 보다 나은 환경에서 살기 위해서 반드시 실천해야 할 일이다. 점점 개인주의로 바뀌며 '나'를 중심으로 살아가는 세상 속에서 '우리'가 '함께' 살아가고 있음을 가치 있게 여기며 지키려 하는 공정무역은 이모저모로 생각했을 때 반드시 해야만 하는 우리의 숙제라는 생각이 들었다. 앞으로 우리들의 삶 속에 더 깊숙이 들어올 수 있도록 힘쓰고 노력하려 한다.

　학습의 과정이 그 세계에 대해 알아가는 방식이 아니라 그 안에 존재하는 방식을 의미한다는 지점에서 더 이상 책장이 넘어가지 않았고, 공정무역에 대한 배움 이전에 내가 공정무역의 가치와 생산자들의 삶에 진심으로 공감하고, 가슴으로 이해했는지에 대해 다시 생각하게 되었습니다. 지금까지 정보를 소비하는 데 그쳤고, 내가 공정무역의 가치를 훼손하고 있지 않았는지에 대한 반성과 고민에 너무 아프고 부끄럽습니다. 도망가고 싶었습니다. 그런데 그런 생각조차도 부끄러웠습니다. 진심으로 공정무역은 배울수록 참 어렵습니다. 알고 있다고 생각했으나 자만이었고, 잘 모르겠습니다. 다시 도전하기엔 마음으로 용기 내어봄이 필요한 것 같습니다. 수업을 통해 제가 배운 것은 이번 수업 후의 반성을 잊지 않는 것 아닐까 생각합니다.

아이쿱생협 회원생협은 다양한 주제의 교육 강좌를 개설하여 조합원들에게 제공한다. 활동가들은 왜 이렇게 열심히 공부하려는 것일까? 공정무역 기초 과정, 심화 과정, 코디네이터 양성 과정 등 다양한 과정

에 참여하고 있는 활동가들의 인터뷰를 통해 학습의 이유를 확인할 수
있었다.

> 자신감의 근원이 일단 앎인 거 같은데, 제가 뭘 잘 모를 때는 그것
> 에 대해 말할 때 주저하게 되는 것이 있죠. 그런데 조금이라도 알고 또
> 근거가 있는 이야기를 하면 당당해지고 누군가에게 이야기할 때 좀 더
> 호소력을 갖게 되고요.

활동가들은 공정무역 교육 참여를 멈추지 않는다. 학습한 내용을
활용하려는 의지도 강하다. 자신이 아는 만큼 다른 사람들에게도 설명
할 수 있기 때문에 제대로 이해하기 위해 노력한다. 공정무역의 변화 흐
름을 파악하고 활용하려고 한다. 지역에서 초등학생, 중학생 대상으로
공정무역 강의를 진행할 때에도 공정무역을 제대로 알고 가르쳐야 한
다고 생각한다. 활동가들은 아이들의 교육은 물론 생협을 둘러싼 지역
사회의 다양한 이해관계자들과의 대화 과정에서도 자신이 익힌 지식을
자연스럽게 또 능숙하게 사용하기를 원하고 있다.

활동가들은 공정무역에 대한 이해가 있어야 조합원들에게 공정무
역 물품을 설명할 수 있다고 생각한다. 공정무역의 날, 공정무역 주간
등 공정무역 주제의 다양한 캠페인을 진행하는 경우에도 마찬가지였
다. 공정무역은 명확한 정의와 원칙이 있으며, 관련 연구가 꾸준히 진행
중인 영역으로 공정무역에 대한 전문적인 지식이 부족하다면 조합원이
나 일반인들에게 제대로 설명하기 어렵다는 것이 그 이유였다.

공정무역에 대한 사회적 관심과 이해를 끌어올리는 것은 결코 몇
차례의 교육과 캠페인만으로 쉽게 달성할 수 있는 과제가 아니다. 공정

무역의 의미를 알고 그 가치를 실천한다는 것이 어떤 의미인지에 대한 이해가 태도 변화로, 그리고 행동으로 연결되어야 하기 때문이다. 그렇기에 아이쿱생협은 공정무역을 사업 측면에서만 확장하지 않았다. 아이쿱생협의 회원생협은 활동의 근간이 되는 각 지역에서 공정무역 교육, 캠페인을 주기적으로 진행하며 조합원들은 물론 지역 주민들이 공정무역에 쉽게 접근할 수 있도록 돕고 있다. 여기에는 앞서 언급한 조합원 활동가들의 공정무역에 대한 열정이 중요하다.

아이쿱생협은 공정무역 도입 초기, 조합원들과의 포럼 및 설문조사로 공정무역에 대한 포문을 열었다. 동티모르 공정무역 커피 티백이 처음 공급된 지 3년이 지난 2010년, 아이쿱생협 내부의 공정무역 현황과 방향 정리를 위해 공정무역 학습회가 시작된다. '학습'은 아이쿱생협과 공정무역을 긴밀하게 연결했고 현재도 같은 역할을 하고 있다. 학습회에 참여한 활동가들은 다시 각자가 속한 회원생협에서 다양한 방식으로 공정무역 교육을 추진해가기 시작한다.

회원생협의 교육 및 캠페인은 아이쿱소비자활동연합회 및 아이쿱협동조합지원센터(현재 세이프넷지원센터)에서 꾸준히 공정무역에 관심을 갖고 있는 조합원 활동가들을 대상으로 기초 및 심화 교육을 진행했기에 가능했다. 교육은 조합원 활동가들이 공정무역을 이해하도록 돕고, 어떻게 공정무역이 나의 핵심 활동이 될 수 있는지를 일깨웠다. 2013년부터 시작된 공정무역 기초 강좌는 조합원들의 요구에 힘입어 2017년 심화 과정 개설로 이어졌다. 2019년에는 (사)소비자기후행동에서 실시한 '제1회 공정무역마을운동 코디네이터 양성 과정'에 참여하는 아이쿱생협 활동가들에게 교육비를 지원함으로써 공정무역마을운동가를 양성하기 시작했다. 내가 살고 있는 지역의 일상 곳곳에서 공정

그림35 공정무역마을 코디네이터 양성 과정(2019)

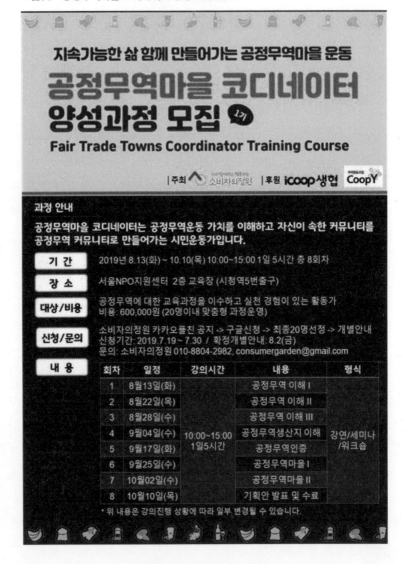

무역 운동을 실천할 활동가들이 더 많아진다면 지역의 특성과 기대를
반영한 다양한 교육과 캠페인으로의 확장도 가능할 것이다.

표9   공정무역 관련 주요 교육 현황(2006~2019)

연도		주요내용
2006년	12월	아이쿱생협연구소 공정무역 포럼
2008년	5월	아이쿱생협연구소 2주년 기념 심포지엄 '윤리적 소비의 방향과 실천 모색'
2009년	7월	필리핀 파나이 마스코바도 생산자 강연회 필리핀 마스코바도 생산자-아이쿱 공정무역 협약식 및 윤리적 소비 선언식
2010년	4월	공정무역 학습회(4월~12월, 매 1회)
2011년	5월	아이쿱협동조합연구소 22회 포럼 '아이쿱생협 공정무역 5년의 성과와 과제'
2013년	1월	필리핀 PFTC, AFTC 생산지 연수: (재)iCOOP협동조합연구소, (가)협동조합 지원센터 대외협력팀, iCOOP생협사업연합회 무역팀, iCOOP소비자활동연합회 참여활동팀원
	2월	아이쿱 공정무역 실천단 운영 총 22시간, 34명 수료
	4월	아이쿱협동조합연구소 공정무역 포럼
2014년	3월	공정무역 기초 강좌(권역별 진행): 5회차/총 25시간, 122명 수강
	9월	서울시 공정무역 커뮤니티 사업 '공정무역 도서관' 서울 5개 자치구 내 6개 도서관 참여(40회차)
	10월	WFTO-ASIA 컨퍼런스 발표 공정무역 통한 지역사회 역량 강화: 아이쿱생협과 PFTC/AFTC 파트너십
2015년	-	공정무역 기초 강좌(권역별 진행) - 부산경남, 경북울산 3회차/총 15시간, 59명 수강 - 서울 4회차/총 20시간, 45명 수강 필리핀 AFTC, PFTC 공정여행(11월)
2016년	-	공정무역 기초 강좌(신길): 4회차/총 20시간, 28명 수강
2017년	-	공정무역 기초 강좌(서울, 광주, 영남 진행): 4회차/20시간, 193명 수강 공정무역 심화 과정(서울, 대구, 광주): 1회차/5시간, 121명 수강
2018년	-	공정무역 심화 과정 - 수도권 4회차/20시간, 65명 수강 - 중부호남 3회차/15시간, 33명 수강 2018 아이쿱 공정무역 활동가연수-필리핀 AFTC, PFTC(12월)
2019년	9월 ~12월	공정무역 교육(권역별 진행) (사)소비자의정원에서 실시한 '제1회 공정무역마을운동 코디네이터 양성 과정'에 참여하는 아이쿱생협 활동가들에게 교육비 지원 아이쿱생협 공정무역위원회 공정무역도시 나고야 연수(9월) 2019 아이쿱 필리핀 공정무역 활동가 연수(11월)

회원생협의 공정무역 교육 현황: 3147회 진행, 교육 참여 5만 9146명

아이쿱생협은 공정무역에 대한 지역의 관심 증대와 이해 제고 차원에서 회원생협별로 교육 및 캠페인을 활발히 진행하고 있다. 공정무역을 둘러싼 회원생협 활동의 역사를 살펴보는 작업은 대외적으로 확인된 아이쿱생협의 공정무역 매출 및 기금 규모뿐만 아니라 공정무역의 의미와 가치를 강조하는 '운동'이 얼마나 꾸준히 아이쿱생협 내에 쌓여왔는지를 확인하기 위해 필요하다.

　　아이쿱생협 공정무역 운동의 지난 역사가 어떻게 이루어져왔는지를 구체적으로 살펴보기 위해 2020년 6월부터 10월까지 온라인에서 아이쿱생협 99개 회원생협을 대상으로 공정무역 교육 및 활동에 관한 조사를 진행했다.[103] 설문 내용은 공정무역 교육(교육 진행 유무, 교육 현황-교육 횟수, 교육 수강생 수, 교육 장소, 사업비 규모, 사업비의 출처), 공정무역 캠페인(캠페인 진행 유무, 캠페인 현황-캠페인 횟수, 캠페인 장소, 캠페인 참여 활동가 수, 사업비 규모, 사업비의 출처), 공정무역 사업 진행 유무, 진행 시 그 내용, 공정무역 활동 단위 유무, 공정무역 관련 외부 지원을 받기 위한 시도, 그리고 공정무역마을운동에 관한 문항으로 구성되었다. 그 결과를 통해 아이쿱생협의 공정무역 성장은 조합원의 '소비'를 통한 참여뿐만 아니라 '활동'을 통한 공정무역 가치의 확산이 있었기에 가능했음을 확인할 수 있었다. 설문의 결과를 살펴보면 표10과 같다.

103　6월 15일부터 10월 28일까지 아이쿱생협 인트라넷에서 설문조사를 진행하였으며 99개 회원생협 중 총 98개 회원생협이 응답하였다. 공정무역 교육과 캠페인 현황을 묻는 질문에서 사업비를 기입하지 않은 경우 아이쿱생협연합회 공정무역위원회 위원들의 자문을 통해 평균적인 비용(예: 매장 캠페인은 매장에서 진행할 경우 10만 원, 외부 부스로 진행할 경우 30만 원, 티 파티 15만 원, 학교 교육의 경우 학급당 20만 원 등)을 넣어 전체 사업비를 산출하였다.

표10   설문에 응답한 아이쿱생협 회원생협 현황

구분		응답 조합 수	비율(%)
전체		98	100.0
설립 기간	3년 이하	12	12.2
	4년~7년	18	18.4
	8년~11년	28	28.6
	12년~15년	6	6.1
	16년~19년	11	11.2
	20년 이상	14	14.3
	미응답	9	9.2
조합원 규모	1000명 이하	12	12.2
	1001명~2000명 이하	22	22.4
	2001명~3000명 이하	15	15.3
	3001명~4000명 이하	15	15.3
	4001명~5000명 이하	12	12.2
	5001명 이상	9	9.3
	미응답	13	13.3
응답자 특성	이사장	64	65.3
	활동국장	11	11.2
	이사	12	12.2
	기타(국장, 상임이사, 대의원, 준비위원장, 전 이사장)	6	6.1
	미응답	5	5.2

공정무역 교육 진행 여부를 묻는 물음에 98개 응답 조합 중 80개 회원생협(81.6퍼센트)이 '그렇다'고 답했다. 공정무역 교육에 참여하는 회원생협의 수는 2009년부터 2019년까지 꾸준히 증가해왔다. 공정무역 교육은 공정무역의 정의와 원칙, 현황 등을 학습하는 기초 및 일반 강좌에서부터 공정무역 교육을 직접 진행하는 강사 양성에 이르기까지 9개 카테고리로 구분된다. 회원생협에서 공정무역 교육을 처음 진행한 시점은 2009년으로 확인되는데 지난 10여 년간 공정무역 교육의 깊이

그림36   공정무역 교육 참여자 수와 전체 교육 횟수(2009~2019)

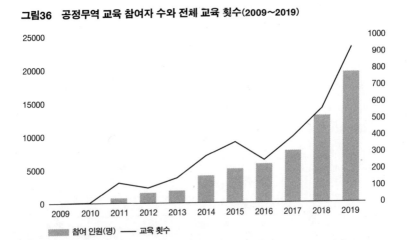

	2009	2010	2011	2012	2013	2014	2015	2016	2017	2018	2019
교육 횟수	1	2	122	91	150	281	363	254	393	562	928
참여 인원	4	15	765	1547	1840	4028	5043	5788	7727	12928	19461
참여 조합 (전체 대비 %)	1 (1.4)	2 (2.6)	5 (6.7)	16 (21.9)	21 (27.3)	31 (38.8)	37 (43.5)	42 (46.7)	49 (51.6)	54 (54.5)	68 (68.7)

와 넓이가 확장된 것으로 보인다. 여전히 일반 강좌와 기초 강좌가 전체 교육의 중심이지만 최근에는 강사 양성, 학습회, 동아리 지원과 같이 공정무역에 관심을 갖고 있는 이들을 대상으로 한 보다 구체적인 교육이 증가하고 있다.

공정무역 교육의 내용을 자세히 살펴보기 위해 9개의 공정무역 교육 카테고리 중 어떤 유형의 교육이 주로 진행되고 있는지 확인했다. 일반 강좌(1470회, 46.7퍼센트), 기초 과정(1052회, 33.4퍼센트)의 비중이 컸다. 공정무역에 대한 관심과 이해를 높이려는 초기 작업이 꾸준히 진행되고 있는 것으로 해석된다. '공정무역'이라는 단어를 알고 단순 인지하는 것에서 나아가 공정무역의 의미와 구체적인 내용을 알 수 있도록 하는 기초 교육은 여전히 중요하다. 한편, 조합원 대상 강사 양성 교육이 증가하고 있었다. 회원생협 내부에서 공정무역을 중심에 둔 활동가 양성에 관심이 높아지고 있음을 보여준다. 공정무역에 대한 인식 향상 및 참여 촉진이라는 차원에서 볼 때 공정무역 강사 양성은 지역에서 공정무역을 둘러싼 변화를 가져올 수 있다는 측면에서 의미가 있다.

한편 회원생협을 5개 권역으로 구분하여 권역별 교육 진행 횟수를 살펴보면 서울 853회(27.1퍼센트), 수도권·강원 1657회(52.7퍼센트), 중부 81회(2.6퍼센트), 호남 216회(6.8퍼센트), 영남 340회(10.8퍼센트)에 이른다. 서울권역과 호남권역의 회원생협은 전체 교육 중 일반 강좌(50.2퍼센트, 29.7퍼센트), 학습회(20.6퍼센트, 27.4퍼센트)의 순으로, 수도권·강원권역의 회원생협은 일반 강좌(50.7퍼센트), 기초 과정(26.8퍼센트), 영남권역은 기초 과정(46.6퍼센트), 일반 강좌(31.1퍼센트)의 순으로 교육이 주로 진행되고 있었다. 연수와 캠프는 현재까지 서울과 수도권·강원 권역에서만 진행되는 것으로 확인되었다. 지역의 필요와 회원생협별 활동가의 관심과 참여의 차이 등에 따라 교육 프로그램은 다르게 운영된다. 다양한 공정무역 교육이 이루어지고 있는 회원생협별 사례들을 정리해 회원생협들 간에 공유한다면, 회원생협들은 좀 더 수준 높은 공정무역 교육을 할 수 있을 것이다.

지난 11년간 아이쿱생협 회원생협에서 진행한 공정무역 교육을 1번이라도 받아본 사람은 조합원과 일반인을 모두 포함해 **5만 9146명**으로 확인된다. 오래전 진행한 교육 과정에 대한 기록이 없어 응답 시 미처 적지 못한 경우를 감안했을 때 그 수는 6만 명을 훌쩍 넘을 것으로

표11 공정무역 교육 내용별 진행 횟수(2009~2019)

	2009	2010	2011	2012	2013	2014	2015	2016	2017	2018	2019	합계
일반강좌		1	113	59	64	157	145	101	179	286	365	1470
기초과정		1	1	7	46	69	115	115	130	163	405	1052
심화과정				1	4		4		10	3	11	33
강사양성			2		3	11	27	4	17	39	61	164
학습회	1		6	21	24	37	52	13	53	57	39	303
세미나					4		16		2	2	5	29
동아리 지원				3	3	4	3	7	1	12	39	72
연수									1		2	3
캠프											1	1
기타								13				13
무응답				2	3	1	1					7
합계	1	2	122	91	150	281	363	254	393	562	928	3147

예상된다. 공정무역 교육은 조합원만을 대상으로 하지 않는다. 실제 주요 교육 대상은 초·중·고등학생인 것으로 나타났다. 전체 교육 인원의 85.2퍼센트를 학생들이 차지하고 있다. 가장 높은 비중을 보이는 집단은 초등학생(2만 8912명, 48.9퍼센트)이며 그 뒤를 중학생(1만 6924명, 28.6퍼센트)이 잇고 있다.

학생들을 대상으로 어떤 유형의 공정무역 교육이 진행되고 있는지를 살펴보았을 때 공정무역 교육의 약 80퍼센트가 기초 및 일반 강좌였던 것과 마찬가지로 학생들에게도 기초 과정과 일반 강좌가 공정무역 교육의 중심이 되었다. 기초 과정, 일반 강좌의 경우 주로 공정무역의 뜻과 의미를 확인할 수 있도록 구성되어 있다. 강의형 교육은 물론 공정무역 제품 시식, 공정무역 제품을 활용한 먹거리 만들기 등 공정무역에 대한 관심을 이끌어내는 체험 활동, 하나의 제품을 소비자가 구입하기까지의 과정을 익히며 이익이 어떻게 분배되어야 하는지를 토론하는 토론 수업 등으로 진행되었다.

초등학생은 기초 과정(599회), 일반 강좌(702회) 위주로 교육이 이루어졌다면, 중·고등학생의 경우 적은 횟수이지만 동아리 지원(중학생 4회, 고등학생 11회), 캠프(중학생 1회)와 같은 참여 기반의 공정무역 교육 프로그램도 진행되었다. 참여 대상의 흥미와 관심사를 연결 짓는 방식으로 교육이 확장되고 있었다. 특히 학생들이 자발적으로 만든 동아리와 연계하여 공정무역 교육을 진행해 일회성 교육이 아니라 교육을 받은 학생들이 학교생활에서 각자의 방식으로 공정무역을 알릴 수 있는 매개체가 될 수 있도록 기반을 만들고 있다는 사실은 의미가 더 크다. 학교에서 공정무역을 배운다는 것은 학생들에게 세계 시민으로서의 역할과 책임감을 알릴 수 있는 좋은 기회다. 일상의 소비가 다른 나라 사람들의 삶과 어떻게 연결되어 있는지를 알 수 있기 때문이다. 기존 교과 과정(세계지리, 시민윤리 등)과도 쉽게 연계될 수 있어 학습 효과를 높일 수도 있다. 학교와 연계한 공정무역 교육은 나의 소비를 돌아보며 사회를 고민하는 기회를 제공하는 등 윤리적 소비자 육성에도 기여할 수 있을 것이다.

한편, 공정무역 교육의 주된 대상이 학생들인 것에서 예상할 수 있듯이 교육이 이루어지는 장소로는 학교(28.5퍼센트)의 비중이 컸지만, 대부분의 교육은 조합 사무실, 교육장 등 회원생협의 공간에서 이뤄졌다(48.9퍼센트). 공정무역 교육을 받기 위해 조합의 공간을 찾는 지역 주민, 조합원들이 많아진다면 아이쿱생협을 알릴 수 있는 기회도 늘어날 수 있다. 또한 조합 사무실, 교육장이 사람들의 자연스러운 만남을 주선하는 지역 사랑방으로서의 역할을 할 수 있다. 생협의 지역사회에 대한

그림37 공정무역 교육 참여자 현황(2009~2019)

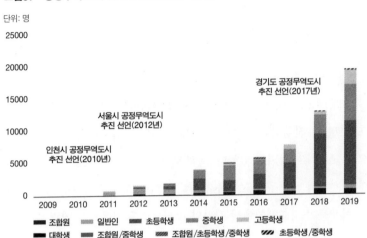

역할과 의미를 구현하기 위해 공정무역 교육을 활용하는 것이 가능하다.

그동안 아이쿱생협 회원생협이 진행한 3000여 회의 교육에 투입된 전체 사업비는 약 4억 2000만 원이다. 설문 응답에서 사업비가 누락된 경우가 있어 실제 비용은 더 클 것으로 보인다. 이 중 47퍼센트는 조합비로 진행된 것으로 확인됐다. 시도, 자치구, 학교 예산 등 외부의 보조금이나 지원금이 있는 경우에도 조합비를 함께 집행한 경우가 있어 이를 포함하면 약 52퍼센트의 교육이 회원생협의 조합비를 통해 진행된 것이다. 아이쿱생협의 조합비는 회원생협의 운영에 있어 재정적 안정성을 가져오는 동시에 회원생협이 지역사회 안에서 제 몫의 역할을 할 수 있도록 하는 기반이 되고 있다. 회원생협의 공공성과 운동성이 조합원 각각이 내고 있는 조합비를 통해 달성될 수 있다는 사실은 '협동조합의 지역사회에 대한 기여'라는 측면에서 특히 의미를 갖는다.

협동조합의 7원칙에는 조합원 교육 및 훈련과 정보 제공이 포함

그림38 공정무역 교육 사업비 현황(2009~2019) (%)

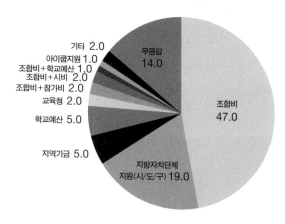

되어 있다. 흔히 조합원을 비롯해 협동조합의 구성원들이 협동조합 발전에 효과적으로 기여하도록 교육과 훈련을 제공해야 한다고 이야기한다. 공정무역과 관련한 회원생협의 교육은 조합원들이 스스로 기획하고, 스스로 가르치고, 스스로 듣는 교육이라는 측면에서 의미를 갖는다. 교육 훈련을 받은 조합원 활동가들은 공정무역 교육의 필요성에 공감하고 이후 교육 대상과 교육 내용에 맞춰 스스로 각각의 교육 콘텐츠를 구체화했다. 그리고 학생들은 물론 일반인들에게 공정무역의 의미와 가치를 전달하기 위한 다양한 시도를 해왔다. 이는 협동조합의 7원칙 중에 지역사회에 대한 기여로 활동이 확장된 것으로 볼 수 있다. 조합원들이 스스로 학습한 내용을 기반으로 지역사회의 지속가능한 발전을 위해서 다양한 사람들을 교육하고 소통하고 있기 때문이다.

한편 회원생협에서 공정무역 관련 조사나 교재 제작 등의 사업을 진행한 경우도 있었다. 전체 응답 조합의 17.3퍼센트에 해당하는 17개

표12 공정무역 관련 사업 추진 현황(중복 응답)

	2009	2013	2014	2015	2016	2017	2018	2019	합계
공정무역 교재 제작		1	1	2	1	4	4	4	17
공정무역 기획 기사	1								1
공정무역 홍보물 제작 (수첩, 스티커, 여권 등)				1				4	5
공정무역 제품 판매처 조사						3	1	5	9
기타							1	2	3
합계	1	1	1	3	1	7	6	15	35

회원생협에서 추가적인 작업을 진행했다. 공정무역 홍보 차원에서 수첩이나 스티커를 제작하거나 공정무역 제품 판매처를 조사하는 작업도 회원생협의 참여 속에 진행된 것으로 확인되었다. 적은 수의 활동가로 회원생협 내부의 여러 활동들을 진행하기에도 벅찬 상황이지만 공정무역의 확산을 위해 적극적으로 활동을 추진하고 있음을 알 수 있다. 일부 회원생협들은 공정무역과 관련하여 외부 지원을 받으려는 시도를 하기도 했다. 이러한 시도는 2018년 1건에서 2020년 6월 기준 4건으로 증가했는데 공정무역과 관련한 회원생협의 의지를 읽을 수 있는 지점이다. 앞으로 공정무역에 관한 외부 지원을 받기 위한 시도를 할 의향이 있는지를 묻는 물음에는 58개 조합(약 60퍼센트)이 그렇다고 답했다. 공정무역이 갖고 있는 가치의 확산을 위해 지역사회와 함께 활동할 필요가 있다는 의견, 활동가의 역량 강화와 내부 성장 차원에서의 필요성, 그리고 몇 차례 외부 지원으로 공정무역 교육을 추진하는 과정에서 얻은 자신감이 외부 지원에 대한 참여 동기를 가져온 것으로 보인다. 공정무역을 둘러싼 아이쿱생협 회원생협의 활동이 앞으로 어떻게 더 확산될지 기대되는 지점이다.

　앞서 확인한 아이쿱생협 공정무역 교육 현황을 정리하면 다음과 같다. 첫째, 아이쿱생협의 회원생협들은 공정무역 교육을 통해 공정무역 운동을 촉진해왔다. 지난 10여 년간 약 3000회의 교육을 실시하였고, 6만여 명이 교육에 참여하였다. 이러한 현황을 통해 아이쿱생협 회원생협들의 공정무역 활동에 대한 열정과 의지를 확인할 수 있다. 해마다 교육 횟수가 꾸준히 증가했는데 이는 회원생협들의 참여가 확대되고 있다는 것을 드러낸다.

　둘째, 협동조합의 지역사회에 대한 기여가 공정무역 교육을 통해 이뤄지고 있다. 아이쿱생협 회원생협이 진행한 약 3000회의 교육에 투입된 전체 사업비의 47퍼센트는 조합비로 조달했다. 외부 예산과 조합비를 함께 집행한 경우를 포함하면 이 비중은 52퍼센트로 늘어난다. 또한 공정무역 교육의 약 49퍼센트가 조합 사무실, 교육장 등 회원생협의 공간에서 이뤄지고 있다. 지역사회의 교육 공간으로 회원생협의 공간이 활용되고 있다고 볼 수 있다. 공정무역 활성화를 위해서는 우선 공정무역에 대한 공감대와 호응이 뒷받침되어야 한다. 아이쿱생협의 공정무역 교육은 공정무역에 대한 인식과 인지를 쌓는 기초 작업으로 지역사회에 기여하고 있다. 협동조합의 지역사회에 대한 기여 측면에서 공정무역 교육의 가능성을 점검하고 확장해갈 필요가 있다.

　셋째, 공정무역 교육의 방식이 다양해졌다. 공정무역의 기본적인 내용을 전달하는 기초 및 일반 강좌에서 공정무역 교육을 진행할 강사 양성 과정이 시작된 것은 물론 공정무역 동아리나 학습회 지원과 같이 공정무역에 관심을 갖고 있는 이들의 교육을 독려하는 방식의 교육이 진행되고 있다. 공정무역에 대한 관심이 상대적으로 높은 서울과 수도권 권역의 회원생협들은 공정무역 연수와 캠프를 개설해 공정무역에

대한 관심과 흥미를 높이고 있는 것으로 확인되었다. 특색 있는 공정무
역 교육 내용을 회원생협 상호 간에 공유한다면, 공정무역 교육의 내용
및 방식의 다양화를 도모할 수 있을 것으로 보인다.

　　넷째, 학생 대상의 공정무역 교육이 활발하다. 공정무역 교육은 학
생들이 세계 시민으로서의 역할과 책임감을 인지할 수 있는 기회가 된
다. 일상의 소비가 끼치는 영향을 전 세계를 아우르는 가치사슬 속에서
확인할 수 있기 때문이다. 현재 학생들 대상의 교육은 주로 공정무역의
의미를 확인할 수 있는 체험 학습(공정무역 먹거리 만들기, 공정무역 물품 홍
보물 만들기 등), 보드게임, 발표회 등의 방식으로 이뤄지고 있다. 공정무
역은 기존 교과과정(세계지리, 시민윤리, 경제 등)과 충분히 연결될 수 있어
향후 학교 교과과정 속에서 공정무역의 의미와 가치를 확인할 수 있도
록 교육 내용을 구성한다면 확장 가능성이 더 커질 수 있다.

우리는 공정무역 활동가

아이쿱생협의 사업과 활동은 안전한 먹거리뿐만 아니라 다양한 주제와
연결되어 있다. 조합원 활동가들은 GMO 완전표시제, 국내 친환경 농
산물의 생산과 유통, 기후 위기, 환경문제, 공정무역 등 다양한 주제의
관련 캠페인을 적극적으로 추진하고 있다. 이 중에서도 일부 회원생협
들은 공정무역 활동에 특히 집중하고 있다. 다음의 인터뷰에서 그 이유
를 일부 확인해볼 수 있다.

　　1개월에 1번씩 조합에서 '공정무역 플러스'라고 해서 공정무역 학
　습도 하고, 물품도 만들고 이런 활동을 계속 하거든요. 물품을 만들고

그림39　공정무역 100개의 레시피 당선작 '흑당의 전설이 되어라~'[104]

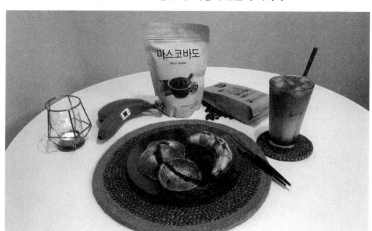

나면 (공정무역에 대한 생각이)또 달라지니까요. 마스코바도로 흑당라테를 만들거나 커피 드립백을 만들어요. 예전에는 1가지 원두로만 드립백을 만들었는데 이제는 2~3가지 원두를 이용해서 만들어봐요. 그리고 시음을 해보면서 '공정무역 커피도 맛있구나', '괜찮다, 가격도 저렴한데?' 생각하는 거죠. 바나나를 그 주의 공정무역 물품으로 정하면, 그 주에는 공정무역 바나나로 쉽게 만들어볼 수 있는 카나페라거나 아이들 간식, 술안주로 먹을 수 있는 것을 만들어봐요. 다른 활동을 할 때보다 공정무역 관련된 활동이 반응이 더 좋은 것 같아요.

회원생협들이 조합원들을 대상으로 다양한 캠페인을 진행할 때,

104　세이프넷기자단, 〈공정무역 100개의 레시피 당선작을 소개합니다.〉, SAPENet, 2019.10. 23. (http://icoop.coop/?p=8005348) (검색일: 2020.10.1.)

공정무역 물품은 조합원
들에게 많은 호감을 얻는
다. 공정무역의 의미를 설
명하면서 물품을 직접 경
험하고 활용해보도록 권
유하는 과정에서 공정무
역 물품은 비싸거나 맛이
없다는 편견이 바뀌기도
한다. 공정무역에 대한 호
감은 조합원들뿐 아니라
일반인들에게서도 찾을 수 있다.

그림40 공정무역 100개의 레시피 당선작 '공정무역 친구들 헤쳐 모여바'[105]

　　지역 경제 활성화를 위한 큰 장터나 사회적경제한마당에 나가서
캠페인을 종종 해요. 일반 시민들한테 다가가기 쉬운 주제가 공정무역
이었던 것 같아요. 조합, 아이쿱생협, 협동조합보다는 공정무역을 이
야기하면서 '저개발국가와의 상생'을 이야기할 때 확실히 일반 시민들
이 조금 더 쉽게 느끼더라고요. 그래서 사회적경제한마당 같은 행사에
참여할 때는 공정무역 위주의 캠페인을 했어요.

　　많은 활동가들이 아이쿱생협을 잘 모르는 사람들과 공정무역을 중
심으로 이야기를 진행할 때 쉽게 호감을 느끼는 것으로 인식하고 있었
다. 아이쿱생협의 회원생협들은 꾸준히 공정무역 캠페인을 진행하며

105 같은 글.

공정무역에 대한 인식 확산 및 소비 촉진에 기여해 왔다. 활동가들은 어떻게 하면 사람들이 조금 더 공정무역을 친근하게 느낄 수 있을까를 고민해왔다. 그 고민의 깊이만큼 공정무역 캠페인의 내용과 방법도 매우 다채롭다.

공정무역 캠페인 현황: 조합원 활동가 5351명이 만든 1298회의 캠페인

세계 공정무역의 날을 맞아 매년 5월 진행되는 덕수궁 돌담길 옆 축제는 대표적인 공정무역 행사다. 아이쿱생협은 2009년부터 매년 행사에 참여해왔다. 1년에 1번 열리는 캠페인은 아쉽기만 한데 이러한 캠페인을 회원생협들은 지역에서 상시적으로 열고 있다. 아이쿱생협의 99개

그림41 아이쿱 공정무역의 날 캠페인(2013)[106]

---

106 이영희, 〈iCOOP생협 공정무역의 날!〉, SAPENet, 2013.04.16. (http://icoop.coop/?p=5941003) (검색일: 2020.12.29.)

그림42 공정무역 캠페인 진행 횟수와 사업비(2007~2019)

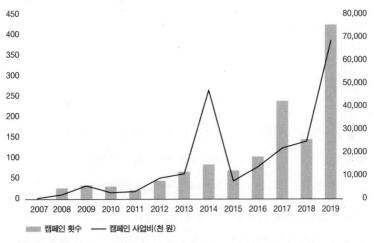

	2007	2008	2009	2010	2011	2012	2013
캠페인 횟수	1	27	34	31	22	45	67
캠페인 사업비 (천 원)	300	1800	5700	2700	3150	8970	10820
	2014	2015	2016	2017	2018	2019	합계
캠페인 횟수	85	70	104	240	146	426	1298
캠페인 사업비 (천 원)	47327	7664	13942	22091	25095	68875	218434

회원생협은 공정무역과 관련된 지식을 전달할 뿐만 아니라 공정무역 제품을 한눈에 만날 수 있는 부스 운영이나 축제 주관 등 공정무역 정보를 얻고 직접 경험할 수 있는 캠페인으로 공정무역의 의미와 가치를 지역사회에 구체적으로 공유하고 있다.

공정무역 캠페인 진행 여부를 묻는 물음에 전체 회원생협의 88.8퍼센트에 해당하는 87개 조합에서 '그렇다'고 답했다(2019년 기준). 전체 조합 중 1곳에서만 캠페인을 진행했던 2007년과는 확연히 달라진

그림43 인천아이쿱생협, 인천 공정무역 시민 축제 개최(2011)[107]

그림44 진주아이쿱생협, 진주시공정무역마을만들기추진위원회 공정무역 캠페인[108]

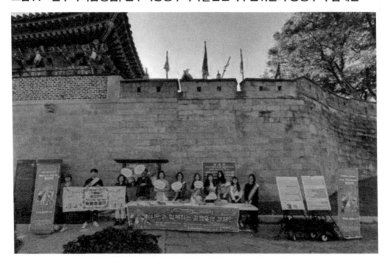

107 이영희, 〈인천 공정무역 시민 축제 개최〉, SAPENet, 2011.11.2. (http://sapenet.net/?p=
4766003) (검색일: 2020.12.28.)

108 진주시공정무역마을만들기추진위원회 제공

모습이다. 전국 곳곳의 회원생협에서 진행한 공정무역 캠페인은 2019년까지 총 1298회로 캠페인 진행을 위해 약 5300명의 조합원 활동가들이 참여했다.

공정무역 캠페인의 내용을 구체적으로 부스 운영, 전시, 티 파티 등 7개 카테고리로 구분하여 살펴봤을 때 그동안 가장 많이 진행

그림45   강서아이쿱생협, 어린이동화축제 공정무역 캠페인(2019)[109]

된 공정무역 캠페인은 부스 운영(740회, 57퍼센트), 티 파티(213회, 16.4퍼센트), 전시(189회, 14.6퍼센트)의 순이다. 2019년 들어 특히 티 파티가 활발히 진행됐는데, 캠페인 형태에서 나아가 공정무역에 관심 있는 이들이 소규모로 모여 공정무역 차와 간식을 맛보며 공정무역의 의미와 가치를 함께 나누는 방식에 대한 호응이 높음을 알 수 있다(총 213회 이뤄진 티 파티는 일반인 대상으로 114회, 조합원 대상으로 97회, 그리고 초등학생과 중학생을 대상으로 각 1회씩 진행되었다). 한편 캠페인 횟수의 증가만이 아니

---

109   강서아이쿱생협 제공

그림46　수원미래아이쿱생협, 공정무역강사단과 마스코바도 흑당라테 만들기 (2019)[110]

라 다양한 방식의 공정무역 캠페인을 통해 대중의 호응을 이끌어내려는 노력도 확인할 수 있다. 기타 응답으로 온라인 캠페인, 모임별 공정무역 간식 키트 제공 등이 언급됐는데 이 역시 그러한 노력의 하나라고 할 수 있다.

　권역별 공정무역 캠페인 현황을 살펴보면 서울(173회, 13.3퍼센트), 수도권·강원(617회, 47.5퍼센트), 중부(43회, 3.3퍼센트), 호남(174회, 13.5퍼센트), 영남(290회, 22.4퍼센트)에 이른다. 서울권역과 영남권역은 전체 캠페인 중 부스 운영(78.3퍼센트, 68.2퍼센트) 비중이 가장 높았고, 수도권·강원권역과 제주권역은 부스 운영(55.2퍼센트, 37.5퍼센트), 티 파티(17.8

표13 공정무역 캠페인 내용별 진행 횟수(2007~2019)

	2007	2008	2009	2010	2011	2012	2013	2014	2015	2016	2017	2018	2019	합계
부스운영	1	27	27	15	18	35	45	58	38	61	169	86	160	740
전시			7	11	3	9	9	12	8	20	21	35	54	189
티 파티							3	5	4	13	6	9	173	213
시네마톡				5		1	2	1						9
콘서트								1			1	1	3	6
음식만들기								3	6	1	2		15	27
축제주관				1		1	4	1	2		2	7	11	29
기타											21	3	3	27
무응답						7	1	13	7		18	5	7	58
합계	1	27	34	31	22	45	67	85	70	104	240	146	426	1298

퍼센트, 37.5퍼센트), 중부권역은 부스 운영(42.3퍼센트), 축제 주관(40.4퍼센트), 호남권역은 전시(34.7퍼센트), 부스 운영(27.7퍼센트), 음식 만들기(17.3퍼센트)의 순으로 캠페인이 진행된 것으로 확인되었다. 특히 수도권 회원생협들은 콘서트, 시네마톡 등 다른 권역에 비해 다양한 유형의 공정무역 캠페인을 추진하고 있는 것으로 나타났다.

자연드림 매장은 물론 지역 단체의 공간이나 학교, 공원, 도서관 등 외부에서 진행해야 하는 캠페인은 조합원 활동가들이 많은 품을 들여야 하는 일이다. 회원생협의 사무실을 집처럼 드나들며 공정무역 캠페인과 관련된 활동을 바쁘게 꾸려가는 활동가들은 모두 자원봉사자들이다. 틈나는 대로 모여 서로 공정무역과 관련된 생각을 나누고 이를 캠페인 아이디어로 선보이는 작업은 결코 쉽지 않은 일이다. 그럼에도 지역 사회에 공정무역의 인식을 확산하고 관심 있는 외부 단체와의 연결고

그림47   공정무역 캠페인에 함께 참여한 활동가 현황(2008~2019)

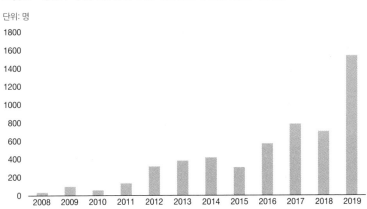

단위: 명

리를 지속적으로 확장시키려는 의지를 갖고 조합원 활동가들은 공정무역 캠페인에 적극적으로 참여하고 있다. 지난 12년간 5351명의 조합원 활동가들이 캠페인 진행을 주도했다. 설문 응답이 누락된 경우가 있어 참여한 활동가 수는 더 많을 것으로 예상된다.

지난 2007년부터 2019년까지 진행한 1298회의 공정무역 캠페인에 사용된 사업비는 약 2억 2000만 원이다. 앞서 살펴본 공정무역 교육의 경우와 마찬가지로 설문 진행 과정에서 누락된 답변이 있어 실제 금액은 더 클 것으로 예상된다. 이 사업비의 60퍼센트는 조합비를 통해 확보됐다. 여전히 조합비 비중이 크지만 2019년의 경우 지방자치단체(이하 지자체)를 통해 약 33퍼센트의 사업비를 집행한 것으로 나타났다. 공정무역에 대한 지자체의 관심이 커지면서 공정무역 캠페인 진행비 중 외부 지원금의 비중이 과거와 비교해 늘어나고 있는 추세이다. 예를 들어, 사업비가 갑자기 증가한 2014년의 경우 인천시 보조금이 상당 부분을 차지하고 있다. 그동안 공정무역 활성화를 위한 민관 협력의 노력

그림48 공정무역 캠페인 사업비 현황(2007~2019) (%)

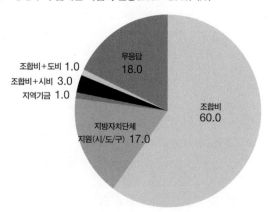

조합비+도비 1.0
조합비+시비 3.0
지역기금 1.0
무응답 18.0
조합비 60.0
지방자치단체 지원(시/도/구) 17.0

이 쌓여 공정무역 운동이 확산되어가고 있음을 알 수 있다.

아이쿱생협의 공정무역 캠페인에 대해 다음과 같이 정리해볼 수 있다. 첫째, 아이쿱의 회원생협들과 활동가들은 공정무역 교육만큼이나 캠페인을 통해서도 공정무역을 활성화하기 위해서 노력해왔다. 공정무역에 대한 시민 인식이 저조한 지역에서 다양한 방법을 통해 공정무역을 알리고, 직접 경험할 수 있는 기회를 제공해왔다. 둘째, 공정무역 캠페인 내용을 다양화했다. 부스 운영 중심이었던 캠페인은 최근 2~3년 들어 티 파티, 콘서트, 축제 주관, 음식 만들기는 물론 모임별 공정무역 간식 키트 제공, 온라인 캠페인 등의 다양한 방식으로 발전했다. 공정무역을 일상에서 가깝게 체험할 수 있는 방법들을 다양하게 찾고 있는 조합원 활동가들이 서로의 캠페인 진행 과정과 결과를 공유하고 더 나은 방법을 함께 고민할 수 있는 오픈 플랫폼이 있다면 더 많은 아이디어가 자유롭게 오갈 수 있을 것으로 보인다.

그림49 아이쿱생협공정무역위원회, 아이쿱 공정무역 100개의 레시피 공모(2019)[111]

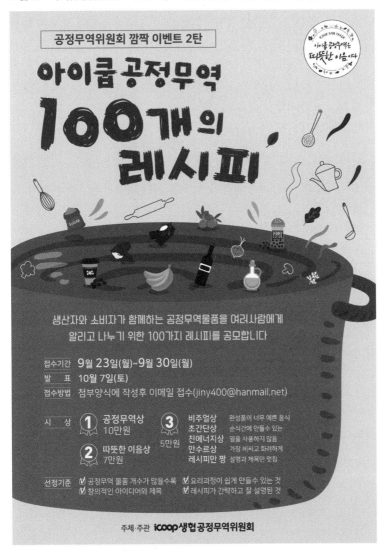

111 iCOOP생협 공정무역위원회, 〈아이쿱공정무역 100개의 레시피〉, SAPENet, 2019.09.16. (http://icoop.coop/?p=8004180) (검색일: 2020.10.1.)

셋째, 공정무역 캠페인 활동에 참여하는 조합원 활동가들이 2019년에 크게 늘었다. 다양한 공정무역 캠페인이 활동가들의 참여를 촉진하고 있음을 알 수 있다. 즉 회원생협의 공정무역을 통한 활동가 참여가 확대되고 있는 것이다. 이는 공정무역 캠페인이 조합원 활동가를 양성하는 데도 유용하다는 것을 의미한다.

넷째, 공정무역 캠페인의 외부 사업비 비중이 증가하고 있다. 공정무역에 대한 지자체의 관심 증가가 주된 이유로 확인된다. 그리고 그동안 회원생협의 공정무역 활동이 꾸준히 이어졌기에 외부의 협업이 가능한 것이다. 공정무역 활동의 축적된 노하우를 향후 지자체, 지역사회의 여러 기관들과의 협업 과정 속에 어떻게 풀어갈 수 있을지에 대한 구체적인 논의가 필요하다. 회원생협의 개별 대응뿐만 아니라 연합회 차원에서 이를 지원하는 체계를 갖출 필요가 있다.

왜 공정무역 교육과 활동을 하는가?

설문조사에서 확인했듯이 많은 활동가들이 공정무역 교육과 캠페인, 최근에는 공정무역마을운동에 적극적으로 참여하고 있다. 활동가들이 공정무역 활동에 참여하는 이유는 무엇일까? 공정무역 활동을 적극적으로 하고 있는 서울 및 경기 지역의 회원생협 이사장, 이사, 활동국장 등 다양한 활동가들을 인터뷰하여 그 내용을 정리했다.

> 사람들 마음속에 '공정'이라는 씨앗이 던져졌을 때 일어나는 파장이 커요.

만나는 활동가들마다 활기와 열정이 넘친다. 이들은 어떤 마음으로 공정무역 활동에 참여하고 있는지 궁금했다. 자원 활동으로 지역에서 행사를 기획·홍보하고, 사람들을 모으고, 또 그렇게 모인 사람들과 소통하는 일은 손이 많이 가서 마음이 동하지 않고는 열심히 참여하는 것이 쉽지 않다. 활동가들에게 공정무역은 어떤 의미로 다가와서 각자의 마음속에 자리 잡고 있는 것일까? 활동가들마다 공정무역의 의미를 중요하게 인식한 순간은 다양했다. 그 다양함 속에도 몇 가지 공통적인 키워드를 찾을 수 있었다.

윤리적 소비 실천

아이쿱생협의 활동가들은 공정무역을 시작할 즈음부터 아이쿱생협의 조직 정체성이었던 윤리적 소비 속에서 공정무역의 의미를 찾고 있었다.

> 공정무역은 나를 참 겸손하게 해요. 그리고 항상 주위를 살펴야 하는 사람으로 살게 만들지 않았나 싶어요. 사실 공정무역에 대해 잘 몰랐지만 윤리적 소비와 딱 들어맞는 거잖아요.

10년 가까이 윤리적 소비를 조직의 정체성으로 삼고 조합원들에게 교육·홍보해왔던 아이쿱생협의 노력이 활동가들에게 전달되었으며 활동가들 또한 공정무역을 통해 윤리적 소비를 실천하고자 했음을 알 수 있다.

그림50　제10회 윤리적 소비 공모전 포스터[112]

112　아이쿱협동조합지원센터 김효섭, 〈[공모안내] 〈제10회 윤리적소비 공모전: 윤리적소
　　　비 10〉 공모전 개최〉, SAPENet, 2017.07.12. (http://sapenet.net/?p=7980118) (검색일:
　　　2021.3.1.)

빈곤 해결을 위한 방법

활동가들은 공정무역이 일방적인 원조가 아니라 윤리적 소비를 통해
개발도상국의 가난한 생산자와 노동자들이 경제적으로 지속가능할 수
있도록 지원하는 것임에 깊이 공감하고 있었다. 그리고 공정무역을 통
한 접근이 빈곤 해결의 획기적인 방법이라 생각하고 있었다.

> 제가 사회복지 전공이거든요. 전공 공부를 하고 일을 시작했을 때
> 느낀 점이 우리나라에서 격차가 너무 크다는 것이었어요. 경제적인 수
> 준부터 시작해서요. '이런 부분을 어떻게 하면 줄일 수 있을까?' 가진
> 자가 베풀어야 한다는 생각을 많이 했는데, 공정무역이 딱 그렇더라
> 고요. 제가 느끼기엔 공정무역이 세계적으로 판이 커진 것뿐이지 사실
> 사회복지의 하나예요. **저개발국 생산자들이 지속가능하게 살아갈 수
> 있도록 하는 것이 가장 중요한 것**이잖아요. 사회복지에서도 가장 문제
> 가 됐던 것이 지속적으로 살아갈 수 있도록 기술을 가르치는 것인데,
> 더 빨리 시작했으면 좋았을 텐데 말이죠. 예전에는 원조만 했잖아요.
> 최저생계비를 지원해주고요. 근데 그게 아니었잖아요. 돈은 들어가도
> 효과는 없었으니까요. 그런데 **공정무역은 정말 획기적인 거죠. 사회를
> 바꾸는 한 축인 것 같아요.** 그래서 더 많이 와닿았던 부분도 있어요.

생산자들과 공정한 관계 형성

활동가들은 생산자들과의 연대와 협력으로 한국의 친환경 식품 생산과
유통을 발전시키고자 했던 아이쿱생협의 접근과 연결시켜서 공정무역
의 의미를 강조하기도 했다. **아이쿱생협이 그동안 국내 생산자들과 상
생해왔다는 인식**을 바탕으로 이러한 가치가 한국 사회는 물론 전 세계

적으로 확산되기를 바라는 마음을 확인할 수 있었다.

> 공정무역의 가치에 공감했어요. (아이쿱생협이) 이익만 추구하는
> 기업이 아니라 같이 살고자 하는 마인드가 좋았는데, 공정무역도 그랬
> 어요. 아이쿱생협의 가치관과 공정무역이 다르지 않다고 생각했고, **아**
> **이쿱생협이 생산자들과 맺고 있는 관계가 공정한 관계**라고 생각했어
> 요. 이러한 관계가 세계적으로 확산됐으면 싶어요. 우리나라에서만이
> 아니라 이런 시스템이 확산되면 좋겠다고 생각했어요. 공정무역의 가
> 치관이 세계적으로 확산돼서 공정하게 갔으면 하는 거죠. 그래서 학교
> 교육도 필요하다고 생각해요. 옳다고 인식하면 좋겠다고 생각해요.

아이쿱생협이 국내 생산자들과 형성하고 있는 관계를 자랑스럽게
생각하고, 공정무역을 통해서 이러한 관계가 국내뿐 아니라 전 세계로
확산되기를 바라는 열망이 담겨 있었다.

조합원들의 호감

활동가들은 공정무역 활동을 통해 조합원들과 소통하면서 조합원들이
공정무역에 대해서 호감을 보인다는 것을 알게 된다. 공정무역 물품의
의미를 인지하고 구매하는 조합원들은 물품 구매를 통해 보람을 느낀
다. 물품 강의를 할 때도 공정무역 물품을 함께 소개했을 때 조합원들
의 호응이 더 좋다는 것을 경험한다. 아이쿱생협에서 제공하는 물품이
조합원들의 건강을 위한 것만이 아니라 빈곤한 국가의 생산자들에게도
도움이 될 수 있다는 것을 긍정적으로 받아들인다.

조합원들한테는 이런 물품을 구입하는 행위가 공정한 가치를 추구하는 행동이라는 것을 알릴 때 뿌듯함 같은 게 있어요. 똑같은 바나나인데 왜 아이쿱생협 것을 먹어야 하는지. 시중 바나나가 더 쌀 수도 있는데 말이죠. 공정무역으로 들여오는 이 물품의 가치를 사람들한테 인지시킬 때, 내가 옳은 일을 하고 있다는 인식이 뒷받침되어졌을 때 아이쿱생협이 더 잘될 수 있다고 생각해요.

물품 강의를 할 때 '치유와 힐링'과 더불어 공정무역 물품도 같이 다루거든요. 조합원들이 조금 더 받아들이는 게 쉬워요. 예전에 조합 매장에서 (행사를 할 때) 커피를 주면서 "공정무역 커피입니다"라고 해요. 이후 강의에서 그때 받은 커피가 공정무역 커피였다고 하면 오신 분들이 조금 더 쉽게 받아들이시더라고요. 한 번 더 소비할 수 있게끔 하고요. 그리고 공정무역기금이 어떻게 사용되고 있는지 말씀드리면 좋다고 인식하세요. 그리고 쉽게 공정무역 제품을 살 수 있는 곳이 별로 없잖아요. 생협 외에는 공정무역 물품을 취급하는 곳이 거의 없으니까요. (중략) 공정무역을 같이 말하면 사회적인 것과 세계적인 추세에 맞춰서 지금 아이쿱생협이 어떻게 활동하고 있는지 (조합원들이) 조금 더 쉽게 받아들이시는 거죠. 그러면서 '내가 여기서 어떤 활동을 할 수 있을까' 한 번 더 생각해볼 기회가 되기도 하고요.

공정무역마을을 만들기 위해서 **시 조례도 만들고, 협의회도 만들었어요. 그 과정을 조합원들한테도 다 말했거든요. **시 공정무역협의회가 만들어졌고, 저희가 조합에서 강의하는 것도 다 홍보해요. 그러면 조합원들이 밴드 댓글로 "멋있습니다" 같은 반응을 보이는 거죠.

물품을 통해 공정무역을 알리고, 조합에서는 대외적인 활동을 공정무역 활동으로 풀고 있잖아요. 그러다 보니 반응이 좋은 것 같아요.

"공정무역을 한다", "공정무역으로 무슨 활동을 한다"라고 하면 조합원들 반응도 좋고 공정무역 캠페인을 나가면 확실히 반응의 정도가 달라요. 더 기쁘게, 더 즐겁게 말이죠. 활동하는 사람들도 반응이 있어야 즐거운데 공정무역은 뭐 하나 놓고 있어도 "이게 뭐예요?" 하고 물어보시거든요. 공정무역 캠페인 할 때 작은 배너 쓰던 거 갖다 놓고 "공정무역입니다" 하고 공정무역 리플렛을 놓거든요. 리플렛 제공할 때 별로 설명하지 않아도 "이게 뭐예요?"라고 물어봐요.

아이쿱생협에서는 조합원들의 건강한 삶을 위한 안전한 식품을 제공하는 사업 외에도 사회의 다양한 문제를 해결하기 위해서 물품을 개발하고 조합원들과 함께 활동을 해왔다. 공정무역 물품 공급과 활동 또한 사회문제를 해결하기 위한 것이다. 활동가들은 다양한 방법으로 공정무역을 통해서 해결할 수 있는 사회문제를 조합원들에게 알려왔다. 활동가들을 인터뷰했을 때 많은 조합원들이 공정무역에 대한 캠페인에 적극적인 관심을 보인다고 설명한다. 조합원으로 이용은 하고 있으나 아이쿱생협을 잘 몰랐던 조합원들이 공정무역 물품이나 강의를 통해서 아이쿱생협에 대해 호감을 보인다고 설명한다.

활동가 발굴
아이쿱생협의 많은 회원생협들이 공정무역 교육 과정을 운영한다. 기초, 심화, 활동가 양성 과정 등 조합원들이나 일반인을 대상으로 다양한 공정무역 교육 과정을 운영하는데, 조합원들 중에는 이 과정에 참여한 후에 이사로 활동하겠다고 뜻을 밝히는 경우들이 종종 있다고 한다. 공정무역 활동을 지속하기 위해 이사가 되겠다는 의지를 갖는 것이다.

> 2명의 이사가 공정무역 과정을 통해서 들어왔어요. 공정무역 강사단을 배출한 거죠. 작년에는 저희가 경기도 사업으로, 또 조합에서 조합 교육비로 (공정무역)수업을 진행했어요. 그렇게 하면서 비전이 보이죠. 공정무역이 필요하다는 것을 본인들도 아시고, 활동이 중요하다는 것을 알아서 신입 이사 코스를 수료하고, 심화까지 해서 이사가 된 거죠.

> 전(前) 이사장님이 공정무역 때문에 아이쿱생협에 들어오신 분이에요. 아이쿱생협에서 초기에 (공정무역)도서관 프로그램을 진행했었어요. 초반 멤버예요. 그때 들어와서 교육팀을 하신 거죠. 그분이 있을 때 저희 조합에 공정무역 소모임이 있었어요. 공정무역 제품 취급하는 곳이 없어서 아이쿱생협 조합원이 됐다고 하신 분들을 처음 봤거든요. 전 이사장님이 그랬고요. 그래서 우리 조합원들은 공정무역을 좀 더 많이 접할 수 있었던 것 같아요. 저도 2014년에 공정무역 실천단을 했어요. 그때 수료하고, 양성 과정에 참여했죠. 그다음부터는 자연스럽게 교육팀에서 공정무역을 계속 끌고 갔거든요.

조합원들은 공정무역 교육 과정 등을 통해 아이쿱생협의 활동에 호감을 갖고, 실제 활동가로 참여하는 과정을 경험하면서 더 적극적으로 공정무역 교육과 캠페인을 진행하게 된다. 공정무역 물품 구매를 위해 아이쿱생협에 가입하기도 하고, 공정무역 활동에 더욱 적극적으로 참여하고 싶어 회원생협의 이사로 참여하겠다는 조합원을 만나기도 한다. 이렇듯 공정무역 활동은 조합의 활동가 발굴에 중요한 역할을 하기도 한다.

활동가들의 자부심 증가

공정무역 교육, 캠페인처럼 가치 있는 활동을 할 때 활동가들은 스스로 자부심을 느낀다. 가족, 특히 자녀들에게 당당히 생협 활동을 이야기할 수 있다고 말한다. 가족이나 주변 지인들에게 생협에서의 활동이 나 자신만을 위한 것이 아니라 사회를 위해 좋은 일을 하는 것임을 알리고, 그 과정에서 사람들의 인정과 지지를 받으면서 스스로 의미 있는 일로 활동을 인식하고 있음을 느낄 수 있었다.

> 가치 있는 일이고 선의에 의한 일이고요. 내가 내 아이들한테 엄마가 이런 활동을 하고 있다는 것을 떳떳하게 말할 수 있는 일이라는 것에 큰 메리트를 느꼈던 것 같아요. 아이들이 나중에 커서 우리 엄마가 이런 활동 때문에 바빴다면 인정할 것 같고요. 제가 딸만 둘 키우는데, 딸들이 똑똑하게 나만의 영역에서 활동하다가도 결혼과 육아로 다시 무용지물이 되는 이런 삶을 살게 하고 싶지 않은 거죠. 아이들에게 엄마의 영향력이 클 텐데, 나는 내 딸들한테 멋진 여자이고 싶은 거예요. 그냥 엄마가 아니라요. 엄마가 아닌 엄마의 삶의 모습을, 여자의 삶을 살아가고 있는 모습을 보여주고 싶은 마음도 있었어요.

> 학교에서 (공정무역)수업 진행하는 것은 조합에서 마을 모임을 꾸

려서 하는 것과 위상이 다른 거예요. 인정받는다는 사실을 본인이 느껴요. 그리고 가족들도, 주변 사람도 느끼고요. 공부하러 어디를 가고, 또 학교에서 강의도 한다고 하면 (활동의)위상이 생기면서 조합원들 참여도가 훨씬 높아져요. 그리고 그 사람의 동력이 다시 마을로 가요.

공정무역으로 인해 실질적으로 활동가들이 자극을 많이 받아요. 예를 들면 캠페인이나 민주시민학교가 공정무역을 주제로 활성화된 게 2014년, 2015년 이때거든요. 그때 공정무역을 주제로 활동가들이 자체 학습을 하고 강의를 나가는 경험을 해요. 특히 작년에는(2019년) 하반기에 공정무역 티 파티를 위한 활동가 양성도 하고, 시장님 만나서 격려를 받고, 또 고등학교 강의도 나가고요. 이런 과정을 통해서 활동가, **아이쿱의 인식이 지역 안에서 높아졌죠. 그래서 활동가들도 어깨가 으쓱해요. 그 안에 크게 작용했던 게 공정무역이라는 주제여서 활동가들이 공정무역을 열심히 해야겠다는 의지를 다져요. 내 스스로 역량이 많이 높아지고 있음을 체험하기도 하고요.

활동가들은 공정무역을 교육하면서 자녀들을 비롯한 가족들, 주변 지인들로부터 인정받는다고 말한다. 또한 캠페인을 통해 언론에 노출되고, 지역에서 인정받으면서 자부심을 느낀다고 평한다. 그리고 이것이 활동을 지속할 수 있는 동기가 된다.

아이쿱생협의 위상 강화와 지역사회의 관심 증가
조합원뿐 아니라 일반인들, 그리고 지역사회의 다양한 이해관계자들이 공정무역 교육과 캠페인을 통해 아이쿱생협을 알게 되고, 공정무역 활

동을 하는 아이쿱생협에 관심을 갖기 시작한다. 이렇듯 공정무역 교육
과 캠페인은 지역사회에 아이쿱생협을 홍보하는 좋은 기회가 된다. 생
협, 협동조합을 잘 모르는 사람들에게 공정무역과 같이 가치 있는 활동
을 하는 곳이라는 인식을 심어줄 수 있는 기회가 되는 것이다.

> GMO나 먹거리를 이야기할 때보다 공정무역을 말할 때 조합원,
> 비조합원, 아이들이 경계 없이 받아들였어요. 옳고 그름의 가치로 판
> 단하지 않고 긍정적으로, 수용적인 태도로 받아들였던 게 공정무역이
> 었어요. 제가 학부모회 활동을 하면서 학부모를 대상으로 이야기할 때
> 도 가장 편견 없이 받아들이는 주제가 공정무역이었어요.

> 공정무역이라는 주제가 공익적이잖아요. 공정무역을 말할 때는
> "너 돈 벌려고 하는 거지?", "쟤 저거(활동) 해서 자기한테 무슨 도움이
> 된대?" 이렇게 안 하잖아요. 생활정치 측면에서도 다양한 계층을 만
> 나는데요, 정치인을 만나거나 시의원들을 만날 때 좋은 이슈인 것 같
> 아요.

> 공정무역 활동가 양성 과정 있잖아요. 간식도 생협 것이고, 생협
> 이 자꾸 언급돼요. 그러면서 생협 조합원 아닌 사람들이 물어보는 거
> 죠. "생협은 어떻게 가입해요?" 그렇게 조합원이 되기도 하고요. 시의
> 원도 마찬가지예요. 주변에서 "생협 가입해야 되겠네" 하고 가입을 하
> 시거든요.

아이쿱생협 활동가들은 지역 정치인, 공무원을 비롯해 지역 주민

들을 공정무역을 주제로 만났을 때 공정무역과 생협에 대해 경계 없이 받아들이는 모습을 보는 경우가 많았다고 말한다. 생협에서 판매하는 물품에 담겨 있는 공익적인 가치를 이해하고 조합원으로 가입하는 경우도 종종 있다. 최근 공정무역마을운동을 서울, 인천, 경기도에서 활발하게 추진하면서 지역의 정치인은 물론 여러 기관의 기관장 등 다양한 조직을 운영하는 이들을 만나는 기회가 많아지고 있다. 지역에서 아이쿱생협을 알릴 기회가 증가하고 있는 것이다.

아이쿱생협의 위상이 지역사회에서 높아져요. 공정무역 활동을 하면서 연합 조직을 구성하고 지역의 다양한 관계자들을 만나고 있어요. 이전에는 아이쿱생협을 잘 몰랐던 정치인, 지역 단체장들에게 아이쿱생협은 어떤 곳이고, 주제별로 이런 활동들을 한다고 소개할 때 이런 곳이 있었냐며 조합원으로 가입하기도 하더라고요.

작년에 관이랑 같이 (활동을)하면서 기사가 많이 나왔잖아요. (공정무역)도시 인증을 하면서 공무원이나 시장님하고 접촉하는 일도 많았고요. 그렇게 활동가들의 활동이 많아지면서 "저 조직은 일을 참 잘하네"라고 지역에서 활동을 인정받게 되는 것, 그게 계기가 되어 아이쿱생협의 위상이 굉장히 올라갔어요.

회원생협은 자체적으로 추진하거나 지역의 다양한 단체와 함께하는 공정무역 활동을 통해 아이쿱생협을 잘 모르는 지역 정치인이나 여러 기관 관계자들에게 아이쿱생협에 대한 긍정적인 이미지를 갖게 한다. 활동가들은 공정무역 활동을 지역사회에서 아이쿱생협의 위상을

그림51   경기도, 공정무역을 품다(2017)[113]

113 공감행동부문 김영미, 〈경기도 국제 공정무역 컨퍼런스에 여러분을 초대합니다!〉,
     SAPENet, 2017.09.05. (http://sapenet.net/?p=7981680) (검색일: 2020.10.1.)

높일 수 있는 기회로 인식하고 있다. 지역에서 아이쿱생협의 공정무역 활동이 활발해질수록, 그리고 언론에 활동이 홍보되면서 지역의 다양한 사람들에게 관심을 받는다.

지역 활동 및 네트워크 강화

지역 주민, 그리고 지방자치단체와 함께 공정무역 활동을 하면서 아이쿱생협 활동가들은 지역사회에서 활동을 확장할 기회를 갖게 된다. 주민자치위원회 외에도 지자체에서 운영하는 위원회에 참여하는 등 다양한 활동의 기회가 생기고 있다.

> 예전이랑 다르게 협치나 위원회에서 이사장님에게 콜이 오는 거죠. 예를 들면 "위원회 TF팀에 참여해주세요" 하고 연락이 많이 와요. 실제로 이사장님은 위원회, TF팀에 여럿 참여하고 있어요. 이사장님이 다른 이사들 중에 누군가를 추천하기도 하고요. 그렇게 새로운 곳에서 활동을 할 때, 아이쿱생협 활동가들이 잘한다는 이야기를 들으면 또 아이쿱생협에 연락이 오는 거예요. 이게 선순환이 되고 있다는 것을 많이 느끼죠. 지역에서 인정받는 거고 (활동의)저변이 계속 넓어지는 거니까.

지역에서 공정무역마을운동을 하는 회원생협들의 경우 지역의 다양한 현안을 풀기 위해 활동하는 시민사회단체나 지역의 다양한 교육기관 등과 함께 협의회를 구성한다. 지역 상황에 따라서는 협의회에 최대한 많은 단체들이 참여하도록 구성하기도 한다. 공정무역이 포용하는 범위가 넓기에 지역의 다양한 단체들과 연결되는 접점을 만들기도

용이하다.

　(공정무역)협의체를 조직하면서 생각한 건데, 지역에서 가치 있는 활동을 하는 분들이 많잖아요. 그분들이 한자리에 모여 공감대를 형성하는 것이 사실 쉬운 일이 아니더라고요. 그런데 공정무역은 다양한 부분에 넓게 관계되는 일이라 여러 단체가 한 부분씩 관심을 가지기에 좋아요. 그런 부분에서 또 의의가 있죠.

　이사님들에게 이야기할 때도 "우리도 지역에서 의미 있는 활동을 다양하게 하지 않았냐, 우리 이름으로 뭔가 하나 남겨도 괜찮지 않냐"라고 제안했어요. 우리 인지도도 쌓고요. 아이쿱생협이 좋은 일들 많이 한다는 것도 알리고 싶은 생각 때문에 처음 (공정무역)협의체를 조직할 때도 우리가 나서서 하자고 하고요. **시 인증 받을 때까지 우리가 앞에 나서서 힘쓰면 좋겠다는 의견을 이사님들과 나눴어요. 아이쿱생협 이사님 중에 다른 협동조합이나 마을 안에서 모임 활동 하시는 분들도 계시고, 그런 것들을 리드하고 계시는 분들이 있어서 지역 연대에 있어 조금 더 쉬운 것도 있어요.

　지역에서 공정무역마을운동을 할 때는 지역의 다양한 기관 또는 개인들과 협의회를 구성하고 참여하면서 생활정치를 확장해나간다. 지방자치단체에서 조례를 제정하도록 설득하는 과정을 경험하는 아이쿱생협의 회원생협들과 활동가들은 민관 협력의 경험을 강화한다. 협동조합의 7원칙 중에 지역사회 참여가 있다. 지역에서 공정무역마을운동을 통해서 지역사회 네트워크를 확장하고 지역사회 참여를 확대해나가면서 협동조합으로서 활동을 강화한다고 볼 수 있다.

우리는 공정무역 운동의 개척자

인천시에서 공정무역도시 추진을 선언한 지 10년이 지났다. 이후 서울
시, 서울시 성북구 등에서 공정무역도시 추진에 동참했지만 한동안은
답보 상태였다. 그 뒤로 경기도 부천시, 경기도 등에서 공정무역마을운
동을 추진하기 시작하면서 공정무역마을운동은 다시 활기를 띠기 시작
했다. 공정무역마을운동은 시도·구 단위, 즉 지역 기반의 운동으로 지
역의 다양한 사회적 경제 조직, 시민단체, 학교 등의 참여가 중요하다.
아이쿱생협은 공정무역 물품 판매 및 활동을 선도적으로 해왔던 조직
으로 공정무역마을운동에 매우 적극적으로 참여하고 있다. 현재는 수
도권을 중심으로 공정무역마을운동이 확대되고 있는 상황으로, 아이쿱
생협의 회원생협들은 활동하는 지역을 공정무역마을로 만들기 위해 많
은 노력을 기울이고 있다.

> 공정무역이라는 주제는 공익적이고 지속가능한, 더 잘 살기 위해
> 우리가 함께하는 운동이라는 맥락이 명확해요. 활동가들도 캠페이너
> 로 더 재밌게 신나게 (가치를)전파할 수 있는 좋은 의제가 아닐까 싶어
> 요. 한국에서는 우리가 개척자인 거잖아요. 파이오니어(pioneer)인 거
> 예요. 서울·경기권 활동가들 중에 적극적으로 몇 년씩 활동을 해서 어
> 떤 지점에서 아이쿱생협 활동가의 대표 모델, 본보기로 성장하는 사람
> 들이 있을 거 아니에요. 그 몇 명이 유의미한 자극이 될 수 있을 것 같
> 아요. "그 캠페이너 아이쿱생협 활동가 출신이래"라는 말이 아이쿱생
> 협에 대한 자부심을 더 키우고 인식을 높이는 거죠. "아이쿱생협 역시

훌륭해, 저런 활동가를 키워내고" 식으로 좋은 일에 장기적으로 참여하는 게 필요해요. 사실 아이쿱생협에서 공정무역 활동에 지원을 더한다고 해도 내부적으로 큰 부담은 아닐 것 같아요. 그런데 활동은 부각될 거예요. 다른 곳에서 많이 하지 않으니까요. 그래서 캠페인이나 지역사회와 연대할 것이 있을 때 적극 참여하면 나중에 정말 몇 십 배로 아이쿱생협에 큰 도움이 될 것 같아요.

활동가들이 공정무역 활동에 참여하는 동기는 다양했다. 공정무역 활동은 가족들은 물론 조합원들과 지역사회로부터 자신들의 활동을 인정받고 조직의 위상을 높이면서 다양한 활동 기회로 연결시킬 수 있는 운동이다. 그래서 활동가들은 공정무역마을운동의 개척자로서 지역에서 새로운 운동을 이끌어가는 주체가 되어 아이쿱생협을 알리고, 다른 기회와 가능성을 만들어 자신들의 활동에 대한 자부심을 높여가고 있었다.

공정무역 확산을 위한 조직화된 활동

아이쿱생협의 공정무역 조직 및 대외활동[114]

아이쿱생협은 공정무역을 실천하기 위해서 연합회와 회원생협 차원에서 공정무역 활동을 추진하는 조직을 구성하거나 기존의 활동 단위에서 공정무역을 담당해왔다. 연합회 차원에서는 2007년 공정무역추진

---

114 김선화, 〈제도변화는 어떻게 일어나는가? 한국 소비자생활협동조합의 공정무역 프랙티스 사례연구〉, 성공회대학교 박사학위논문, 131~134쪽, 2020.

위원회를 구성하여 공정무역 실천을 위한 논의를 통해 공정무역 추진을 결정하였다. 공정무역추진위원회는 2010년 공정무역위원회로 변경하여 활동을 이어간다. 2012년, 아이쿱생협연합회가 아이쿱소비자활동연합회로 변경되면서 공정무역위원회가 해체되고 아이쿱소비자활동연합회의 5개 팀 중 하나인 '참여활동팀'의 활동으로 공정무역 활동이 진행된다.

2018년 말 아이쿱생협의 조직 구조가 전체적으로 개편되면서 사업과 활동으로 분리되었던 연합조직이 생협연합회로 통합된 이후 3개의 상시위원회와 3개의 특별위원회가 구성되었다. 공정무역위원회는 특별위원회 중 하나로 신설되었다. 2019년 현재 99개의 회원생협 중 10개 회원생협의 이사장이 공정무역위원회에 위원으로 참여하여 활동하고 있다. 아이쿱생협의 특별위원회 중에 하나가 되었다는 것은 회원생협들이 공정무역을 중요한 의제로 생각하고 있음을 의미한다.

아이쿱소비자활동연합회와 회원생협에서는 다양한 의제를 다루어왔고, 공정무역은 그러한 의제들 중에 하나였다. 아이쿱소비자활동연합회로부터 대표성을 부여받은 활동가들이 공정무역에 관한 대외 연대활동에 참여해왔다. 아이쿱생협은 2012년 한국공정무역협의회 설립 당시부터 현재까지 회원으로 활동하고 있다. 그리고 한국공정무역마을위원회가 구성된 2013년부터 현재까지 구성원으로 역할을 하고 있다. 공정무역마을운동이 활발하게 추진되면서 회원생협들은 활동하는 지역을 기반으로 공정무역협의회를 구성하거나 참여하고 있다. 전국 단위 대외 활동은 연합회에서 담당하고, 지역의 대외 활동은 회원생협에서 진행한다. 때로는 지역 단위의 공정무역협의회의 일원으로 전국 단위 조직에 참여하기도 한다.

표14   아이쿱생협연합회의 공정무역 조직 및 대외 활동[115]

연도	아이쿱생협연합회 공정무역 조직	대외 활동
2007	• 한국생협연합회 공정무역추진위원회 구성 • 개발가공부 내에 무역담당자 배치	
2008	• 한국생협연합회에서 iCOOP생협연합회로 변경 • (사)아이쿱생협연대와 아이쿱생협연합회 분리	
2010	• 아이쿱생협연합회 '공정무역위원회'로 변경	
2011	• (사)아이쿱생협연대가 아이쿱생협사업연합회로 변경	
2012	• 아이쿱생협연합회가 아이쿱소비자활동연합회로 명칭 변경 • 아이쿱소비자활동연합회 공정무역위원회 해체 및 참여활동팀 구성 • 쿱푸드시스템이 쿱푸드로 법인 변경	• 한국공정무역협의회 참여
2013		• 한국공정무역마을위원회 1기 참여 • 인천아이쿱생협 인천공정무역협의회 참여
2016		• 지구마을사회적협동조합 참여
2017		• 한국공정무역마을위원회 2기 참여
2018	• 아이쿱 무역팀에서 (주)쿱무역으로 분사	• 화성아이쿱생협 화성공정무역협의회 참여
2019	• 아이쿱생협사업연합회와 아이쿱소비자활동연합회 • 아이쿱생협연합회 공정무역위원회 설치	• 한국공정무역마을위원회 3기 참여

회원생협의 공정무역 활동 단위

아이쿱생협연합회 차원에서 공정무역위원회를 구성하여 활동하고 더불어 회원생협 내부에 공정무역 활동을 추진하기 위한 조직을 구성하

115 1) (재)아이쿱협동조합연구소, 〈iCOOP생협 공정무역 5년의 성과와 과제〉, 《(재)아이쿱협동조합연구소 제22회 포럼 자료집》, 2011.
2) 소비자의정원, 〈별첨3. 공정무역 연표. 공정무역마을운동 내가 사는 마을부터〉, 《(사)참여하고 행동하는 소비자의정원(미간행)》 및 아이쿱 인트라넷, 2019.

거나 기존에 구성된 활동 단위에서 공정무역 사업을 맡아서 운영함으로써 공정무역 교육 및 캠페인 등의 활동을 추진한다. 99개 회원생협을 대상으로 어느 단위에서 공정무역 활동을 진행하고 있는지 물어보았을 때 99개 회원생협 중 74개의 회원생협이 공정무역 활동 단위가 있다고 응답했다. 주로 이사회에서 공정무역 교육 및 캠페인을 진행하거나 이사회와 교육팀 등이 결합하거나, 교육팀과 캠페인팀, 물품팀에서 진행하고 있는 것으로 나타났다. 흥미롭게도 설문에 참여한 99개 회원생협 중에 공정무역 전담팀을 구성한 조합이 11개였다. 이들은 각각 공정무역팀, 공정무역위원회, 공정무역강사단, 공정무역실천단, 공정무역캠페인팀이라는 이름으로 활동하고 있었다.

회원생협 중에서 가장 먼저 공정무역위원회를 구성한 곳은 인천아이쿱생협이다. 인천아이쿱생협은 인천시가 2010년에 공정무역도시 추진을 선언함에 따라 2011년부터 인천시 공정무역 사업을 시작하였으며, 2012년에는 회원생협 내 공정무역위원회를 구성했다.[116] 2017년부터 경기도에서 공정무역마을운동을 추진하기 시작하면서 수도권에 있는 회원생협들이 공정무역마을운동에 적극적으로 참여하기 시작했다. 공정무역활동 단위는 이렇게 점차 확대되고 있다.

2019년에 공정무역 교육을 진행한 회원생협이 68개, 공정무역 캠페인을 진행한 회원생협이 75개다. 이렇게 많은 회원생협들이 공정무역 교육 및 캠페인을 진행할 수 있었던 것은 이를 기획하고 실행하는 활동가들 덕분이다. 그리고 이는 특정한 개인 혼자의 힘이 아니라 회원

---

116 (사)소비자의정원, 〈별첨3. 공정무역 연표. 공정무역마을운동 내가 사는 마을부터〉, 《(사)참여하고 행동하는 소비자의정원(미간행)》, 2019.

표15 아이쿱생협 회원생협의 공정무역 활동 단위

구분	단위명
이사회(17)	이사회(17)
이사회 및 기타 단위 결합(11)	이사회/강사단(2), 이사회/교육홍보활동팀(2), 이사회/교육팀(1), 이사회/교육활동팀(1), 이사회/마을모임(1), 이사회/물품팀(1), 이사회/캠페인팀(1), 이사회/활동국/교육위 강사단(1), 이사회/활동국/미래팀(1)
교육팀(18)	교육팀(6), 교육위원회(5), 교육활동팀(2), 강사단(2), 식생활강사단(1), 식생활교육강사단(1), 학습성장팀(1)
캠페인팀(8)	캠페인팀(6), 홍보캠페인팀(1), 활동팀(1)
물품팀(4)	물품소통팀(1), 물품캠페인팀(1), 물품팀(1), 물품활동팀(1),
공정무역팀(11)	공정무역팀(4), 공정무역위원회(2), 공정무역강사단(2), 공정무역실천단(2), 공정무역캠페인팀(1)
기타(5)	MRM팀(1), 생생활력국(1), 윤리적 소비 실천단(1), 이사장(1), 권역 단위 스터디 모임 진행(1)
소계	74개

생협 내에 활동 단위를 구성하고 조직적으로 실천한 덕분에 가능했다.

5장 공정무역마을운동

〈알아볼까요?〉 **공정무역마을운동의 시작과 국내외 현황**

공정무역마을이라는 말은 아직 낯설다. 하지만 전 세계 2000여 곳의 도시, 마을, 섬 등이 이미 '공정무역마을(Fair Trade Town)'로 인정받고 지역사회를 중심으로 공정무역에 대한 인식을 높이고 공정무역 제품의 소비를 촉진하기 위해 노력하고 있다.

공정무역마을운동은 2000년에 영국 가스탕(Garstang)이라고 하는 작은 마을에서 시작되어 영국과 유럽, 북미로 확산되면서 국제적으로 가장 가시적이고 성공적인 공정무역 캠페인으로 자리매김하였다. 공정무역마을운동을 처음 시작했던 브루스 크라우더(Bruce

Crowther)는 1992년에 가스탕에 옥스팜 지부를 만들면서 옥스팜에서 실천하고 있는 국제 개발 협력에 관한 다양한 캠페인을 추진해왔는데, 그중에 공정무역 캠페인이 있었다. 가스탕이 위치한 영국 북서부 지역은 영국 노동 운동의 중심지로 이미 공정한 임금과 노동에 대한 캠페인이 활발히 진행된 곳이었다. 가스탕에서 적극적으로 공정무역 캠페인을 진행했음에도 불구하고 지역사회를 넘어 공정무역이 확산되지는 못했다. 이러한 한계를 극복하기 위해서 지방자치단체, 학교, 교회 등에 연락을 취했고 2000년에 학교의 교장과 교회, 의회 등의 대표들을 초대하여 공정무역과 지역 농산물로 만든 식사를 제공했다. 그때 기부를 요청하지 않고 각자 활동하는 공간에서 공정무역 제품을 취급할 것을 약속하는 서약서에 서명해줄 것을 요청했다. 지방자치단체에서 공정무역 제품 사용을 동의하면서 교회와 학교도 동참했다. 그리고 가스탕의 소상공인 95퍼센트가 공정무역 제품을 판매하거나 사용할 것에 동의했다. 그리고 2000년 4월에 공공 연례회의에서 가스탕을 세계 최초 공정무역마을로 선언하는 것에 대한 투표를 진행하면서 가스탕은 세계 최초 공정무역마을이 되었다.[117] 공정무역마을운동은 공정무역을 확산시키고자 하는 열망을 가진 활동가들에 의해서 시작되었다. 기존과는 다른 방식으로 공정무역을 확산하고자 했던 이들의 부단한 시도 속에서 공정

---

117 한국공정무역협의회 KFTO, 〈[KFTO] 공정무역마을 가스탕 이야기(한글자막)〉, YouTube, 2018.9.27. (https://www.youtube.com/watch?v=QGfUZfuVlRE&list=PLLvkk_LgNpc6snBOa_XGZ8uS4KynJaz4j&index=7) (검색일: 2020.11.1.)

무역마을을 탄생시킨 것이다.

가스탕의 공정무역 활동가들은 영국 전역으로 이를 확산시키기 위해 영국 공정무역재단(Fairtrade Foundation)과 함께 공정무역마을의 5가지 목표를 구성한다. 2001년에 영국 공정무역재단은 공정무역마을을 확산하기 위해 전국 공정무역마을 이니셔티브(the Fairtrade Town Initiative nationwide)를 발족했으며, 공정무역마을운동은 영국 전역으로 퍼져나갔다. 그리고 영국을 넘어 확장되기 시작했다. 영국에 이어 2003년 아일랜드, 2005년 벨기에와 이탈리아에서도 공정무역마을이 등장한다. 그리고 2012년 폴란드 포즈난 컨퍼런스의 결과로 국제공정무역마을운영위원회가 결성된다.[118]

공정무역마을운동 초기부터 공정무역마을이 되기 위한 5가지 목표가 설정되었다. 국가에 따라서 제시된 5가지 목표에 또 다른 목표가 추가되는 경우도 있지만 국제공정무역마을위원회에서는 제시한 5가지 목표를 지킬 것을 권고하고 있다. 공정무역마을의 5가지 목표는 공정무역마을운동의 중요한 행위자가 누구이며, 그들이 무엇을 해야 하는지를 명시하고 있다. 지역의 지방자치단체, 소매점, 음식점, 지역 교회, 학교, 사무실, 복지관 등의 다양한 커뮤니티가 공정무역마을에 참여할 것과 미디어와 공정무역위원회의 역할 등을 명시하고 있다. 영어로 제시되어 있는 목표는 국가별 상황에 따라서

118 Crowther, B., "Fair Trade Towns-Branching out around the world.", http://wfto-europe.org/uncategorized/fair-trade-towns-branching-our-around-the-world/, 2014 (검색일: 2020.10.25.)

다르게 번역될 수 있다. 예를 들어 영어로는 지방정부와 의회가 결의문을 작성할 것을 권고하고 있는데 한국에서는 결의문 대신에 국내 상황을 고려해 조례를 제정하는 것으로 번역하여 제시하고 있다. 공정무역마을운동은 지역사회의 다양한 커뮤니티와 소매점에서 공정무역을 소비하도록 하기 위해서 지역에서 영향력을 행사하는 다양한 행위자들의 참여를 권장한다. 그 대표적인 행위자가 지방자치단체. 개인이 중심이 되어 공정무역 소비를 촉진하고자 했던 기존의 공정무역 운동 방식과는 달리 지역사회의 다양한 커뮤니티들이 운동에 참여하도록 함으로써 개인이 직접 구매하지 않아도 일상생활 속에서 공정무역 제품을 소비할 수 있도록 변화를 만들어왔다. 예를 들어 학교 급식에서 공정무역 바나나를 제공하게 되면 아이들이 직접 바나나를 사지 않아도 학교 식사 시간에 공정무역 바나나를 먹을 기회를 갖게 된다. 이렇듯 커뮤니티에서 공정무역 제품을 제공한다면 개인이 의도하지 않아도 공정무역 물품을 접할 수 있다. 지역 커뮤니티의 공정무역 물품 소비를 촉진하기 위해서는 커뮤니티의 주요 의사결정자들이 공정무역을 지지하고 제품 사용에 동의해야 한다. 공정무역마을운동은 지방자치단체를 비롯한 지역의 다양한 커뮤니티들이 공정무역마을운동에 동참하도록 함으로써 공정무역의 인식과 소비를 확산하고자 하는 운동이다.

공정무역마을 5대 목표

1. 지방자치단체는 공정무역을 지지하고 공정무역 물품을 사용할 것에 동의하는 조례를 제정한다.

2. 공정무역 물품은 지역 매장과 카페, 음식점 등에서 쉽게 구입할 수 있어야 한다.

3. 다수의 지역 일터와 생활공간에서 공정무역 물품을 사용한다.

4. 미디어 홍보와 대중의 지지를 이끌어내야 한다..

5. 지역의 공정무역위원회는 계속해서 공정무역마을 지위를 유지하기 위해 노력해야 한다.

2021년 4월 1일 기준으로 전 세계에 2080개의 공정무역마을이 있다. 국제공정무역마을운영위원회 홈페이지를 방문하면 공정무역마을 현황이 다음 쪽 그림52와 같이 지도에 표시되어 있다. 지도에서 볼 수 있듯이 공정무역마을운동은 주로 유럽과 북미에서 활발하게 진행된다. 하지만 최근에는 공정무역 제품을 생산·수출하는 개발도상국에서도 공정무역마을운동이 일어나고 있다. 중남미의 온두라스, 코스타리카, 콜롬비아, 에콰도르, 브라질, 파라과이, 그리고 아프리카 가나와 카메룬, 아시아의 인도에서 공정무역마을운동에 동참하는 경우가 등장하고 있다.

그림52 세계 공정무역마을 현황[119]

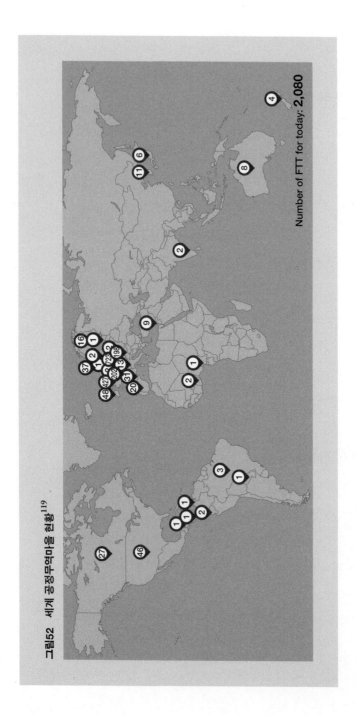

Number of FTT for today: **2,080**

119 Fair-Trade Towns International(http://www.fairtradetowns.org/) (검색일: 2021.4.1.)

한국의 공정무역마을운동

한국의 경우 2010년 인천시에서 공정무역도시를 추진하겠다고 선언하면서 공정무역도시 운동이 시작되었다. 인천에 이어 2012년에 서울시가 공정무역도시 추진을 선언하였고, 이어서 서울시 성북구도 동참하였다. 이후 인천시와 서울시에서는 공정무역조례를 제정하고 민과 관이 함께 공정무역을 촉진하기 위한 다양한 활동을 벌여왔다. 하지만 한동안 공정무역마을운동은 주춤했다. 그러다 부천시가 공정무역도시 운동을 펼치면서 2017년에 부천시와 인천시가 공정무역도시가 되었다. 이즈음에 경기도와 경기도의회에서 적극적으

표16 한국의 공정무역도시 인증 현황[120]

	도시명	최초 인증 시기	인증현황
1	인천시	2017년	1차 재인증
2	부천시	2017년	1차 재인증
3	서울시	2018년	1차 재인증
4	화성시	2018년	초기 인증
5	경기도	2019년	초기 인증
6	하남시	2019년	초기 인증
7	인천시 계양구	2020년	초기 인증
8	광명시	2020년	초기 인증
9	시흥시	2020년	초기 인증
10	수원시	2020년	초기 인증
11	성남시	2020년	초기 인증

---

120 쿠피협동조합, 〈'공정무역도시 서울 3.0' 도약을 위한 정책 연구〉, 쿠피협동조합(미간행), 2020.

로 공정무역마을운동에 참여하기 시작하면서 경기도 내의 여러 시와 군에서 공정무역마을운동에 동참했다. 현재 공정무역마을운동은 서울, 인천, 경기 수도권을 중심으로 활발하게 이루어지고 있다. 2020년 12월 기준, 서울시와 경기도를 포함해 이미 11개 도시가 공정무역도시 인증을 받았다.

공정무역마을운동에 참여하는 아이쿱생협

아이쿱생협의 회원생협들은 지역사회를 공정무역마을로 발돋움시키기 위해 단단히 기반을 다져왔다. 2011년부터 공정무역과 지역과의 연결고리를 만들면서 2013년에 인천공정무역협의회를 조직한 인천아이쿱생협을 시작으로 현재 공정무역마을운동 또는 지역의 공정무역협의회에 참여하고 있는 회원생협은 24개에 이른다. 인천아이쿱생협은 인천시가 공정무역마을만들기를 추진하면서부터 공정무역마을 만들기와 관련한 다양한 프로그램을 진행해왔다. 나아가 인천시는 부천시와 함께 2017년 국내 첫 공정무역도시가 되었고, 2019년에 재인증을 달성했다. 공정무역마을운동은 주로 서울과 수도권에 집중되어 있는데 서울과 수도권·강원에서 활동하는 전체 38개 조합 중에 23개 조합이 공정무역마을운동에 참여하고 있다. 앞으로 더 많은 회원생협들이 관심을 갖고 참여할 것으로 예상된다. 특히 진주의 경우 비수도권 최초로 진행한 공정무역마을운동이라는 점에서 주목할 필요가 있다.

공정무역마을을 만들기 위해 진행 중인 활동이 무엇인지를 묻는 물음에 **23개** 조합이 응답했다. 공정무역마을 만들기 추진(17개), 정치인 미팅(14개), 공정무역 실천 기업 및 실천 기관 만들기 추진(12개)의 순으로 활동하고 있다고 응답했다(중복 응답). 정치인과의 만남은 공정무역마을 만들기를 위한 첫 번째 목표인 공정무역 조례 제정 및 민과 관이 함께 협력적 거버넌스 구조를 만들기 위한 기초 작업이라 할 수 있다. 공정무역 관련 조례 제정과 사업에 대한 예산 편성 등을 통해 공정무역 사업이 안정적으로 추진될 수 있는 기반을 만드는 것이다. 기타 응답으로는 공정무역 어린이집 만들기 추진, 공정무역협의회 구성을 위한 준비, 공정무역 대학 인증 추진 등이 있었다. 공정무역을 지지하고 소비를 확대할 수 있는 방법의 하나로 공정무역마을운동에 적극 참여하고 있는 회원생협들은 생활 속에 공정무역과의 접점을 늘려가기 위한 정책 수립과 인프라 마련에 집중하고 있다.

공정무역마을을 만들기 위해 회원생협들이 적극적으로 활동에 참여하고 있지만 활동의 내용이 다른 이유는 지역마다 공정무역마을운동의 진행 상황이 다르기 때문이다. 예를 들어 인천이나 부천의 경우 공정무역마을 재인증을 받은 상황이고, 광명, 수원은 최근에 인증을 받았다. 양천, 강서 등의 경우는 인증을 받기 위한 준비 단계에 있다. 한국공정무역마을위원회는 공정무역마을이 되기 위한 세부 기준을 제시하고 있는데 인증받기 전과 인증을 받은 후에 해야 하는 활동의 내용이 조금씩 다르다. 인증을 받기 전에는 조례 제정이 선행되어야 하기 때문에 주로 지방자치단체장이나 의원들을 만나는 활동들을 하게 된다.

공정무역마을운동을 추진하는 과정에서 아이쿱생협의 회원생협들은 시민단체를 포함해 지역의 다양한 구성원들과 네트워크를 구성하고 그 안에서 소통하고 있다. 내가 살고 있는 마을을 더 나은 곳으로 만

표17 공정무역마을 만들기를 위해 진행 중인 활동

회원생협명	공정무역학교 만들기	공정무역 실천 기업 및 실천 기관 만들기	공정무역마을 만들기 추진	조례 제정 추진	정치인 미팅	기타
강서	○		○	○	○	
구로	○	○	○	○	○	
서울		○	○	○	○	
양천		○	○	○	○	○
계양	○	○	○		○	
부천시민					○	○
부천						○
인천	○		○			
고양파주		○	○		○	
김포			○	○	○	○
덕양햇살		○	○	○	○	
광명나래	○		○	○		
광주하남	○	○				
군포		○	○			
성남	○	○	○			
안산						○
율목			○	○	○	
의왕	○		○		○	
수원미래		○	○	○	○	
용인			○			
평택오산						○
화성	○	○			○	○
진주	○	○	○	○	○	

들기 위해 각자의 방식으로 고군분투하고 있는 지역의 다양한 활동 단위들과 공정무역으로 접점을 찾은 회원생협들은 긴밀히 관계를 맺으며 지속가능한 지역사회 운동의 가능성을 만들어가고 있다. 공정무역에 대한 대중의 인식이 여전히 낮은 상황에서 네트워크를 통해 지역 밀착

형 공정무역 활동과 사업을 함께 모색하여 주민들의 공감대를 확대해
나갈 수 있다. 이는 공정무역의 장기적인 성장을 위한 시작점이 된다.

　　공정무역마을운동은 제한된 시간과 자원으로 공정무역 교육과 캠
페인을 진행했던 것과는 다른 접근이 필요하다. 지방자치단체장과 지
역의 의원들, 지역 내 학교, 종교 기관, 공공 기관 등의 관계자들을 만나
서 이들에게 공정무역마을운동의 취지를 설명하고 설득하며 나아가 이
들의 지지를 끌어내야 한다. 이는 활동가들에게 그동안의 활동에서 비
롯된 것과는 다른 역량과 접근 방식을 요구한다.

공정무역마을운동을 위한 민간 협의체 구성 및 참여

아이쿱생협의 회원생협들은 본격적으로 공정무역마을운동에 참여하
면서 지역을 기반으로 다양한 시민단체와 개인들이 참여하는 민간 협
의체를 만드는 데 주도하거나 참여하고 있다. 2020년 11월 기준으로
24개 회원생협들이 21개 지역의 민간 협의체에 참여하고 있는 것으로
확인된다.

　　지역에서 공정무역마을운동을 처음 시작할 때 대부분의 경우 지역
의 시민단체, 생협, 개인들이 모여 공정무역마을 추진을 위한 준비위원
회를 구성한다. 준비위원회에서는 논의를 통해 지역의 공정무역협의회
를 구성한다. 협의회는 비영리 임의단체나 사단법인의 형태로 등록한
다. 그리고 지역의 상황이나 지자체의 정책 등에 따라서 법인의 형태를
결정한다.

　　지역별로 협의회 참여 단체 수가 다르다. 2013년에 시작한 인천공
정무역협의회는 직접 공정무역 사업을 하고 있는 단체들만 참여하고
있고 인천시의 지원을 받기 위해서 사단법인을 설립했다. 최근에 구성

되고 있는 협의회들은 비영리 임의단체로 등록하는 경우가 많으며, 되
도록 지역의 많은 단체나 개인의 참여를 독려하고 있다. 아이쿱생협의
회원생협들이 참여하고 있는 지역의 공정무역협의체 중 60퍼센트 이
상의 협의체가 참여하는 단체나 개인들로부터 회비를 걷어서 단체 운
영을 위한 책임을 나누고 있다.

협의회들은 지방자치단체와 협력하여 공정무역도시 인증이라는
목표 달성을 위한 다양한 사업들을 실행한다. 공정무역 인식 확산을 위
해 교육과 캠페인을 추진하고, 지방자치단체에 공정무역 지원 및 육성
에 관한 조례 제정을 건의하기도 한다. 조례가 제정된 이후에는 지자체
의 예산을 받아서 지역의 다양한 커뮤니티들과 함께 공정무역 확산을
위한 각종 교육, 캠페인, 축제 등을 진행한다.

표18 아이쿱생협 회원생협들이 참여하는 지역별 공정무역협의회 현황(2020)

지역	형태	시작 연도 (준비위 부터)	회비 (1년 기준)	조직/개인
서울 (4)				
강서	준비위원회	2019	없음	강서구노동복지센터, 강서양천민중의집 사람과공간, 강서구마을자치센터, (사)소비자의정원, 강서식생활네트워크, **강서아이쿱생협**, 빵과그림책협동조합
구로	준비위원회	2020	없음	**구로아이쿱생협**, 구로시민두레생협, 영림중, 구로고, 두리하나, 구로구사회적경제통합지원센터, 성공회대학교 구로마을대학, 쿠피협동조합, 함께 배움 협동조합(천왕초), 한살림 서서울지부 구로지구

지역	형태	시작 연도 (준비위 부터)	회비 (1년 기준)	조직/개인
양천	준비위원회	2019	없음	행복중심서남생협, (사)양천마을, 양천경제사회적협동조합, 양천구사회적경제통합지원센터, (사)소비자의정원, **양천아이쿱생협**, 양천자활센터, 개인 1명
영등포	준비위원회	2019	없음	영등포사회적경제지원센터, 트립티, 영등포협동조합, **서울아이쿱생협**, (사)소비자의정원, 두레생협, 서울식생활교육네트워크
인천 (2)				
계양	협의회 (사단법인)	2020	10만 원	**계양아이쿱생협**, 참좋은두레생협, 계양지구자활센터, (사)소비자의정원, 책마을작은도서관, 인천광장계양지부
인천	협의회 (사단법인)	2013	100만 원	푸른두레생협, 인천YMCA, 인천광장, **인천아이쿱생협**
경기 (14)				
화성	협의회 (비영리단체)	2017	단체 12~36만 원, 개인 6만 원	**화성아이쿱**, 화성푸드통합지원센터, 그물코카페, 행진진로교육협동조합, 아름다운커피 유니온 봉담점, 예수향남교회, 화성시지속가능발전협의회, 사회적공동체지원센터, 더큰이웃아시아, 바른밥상문화원, 꿈고래놀이터부모협동조합, 페어라이프센터, 화성시니어클럽, 그물코청소년방과후대안학교, 수원대학교, 희망찬포럼, 바른두레생협, 장안대학교, 최은명자연꿀, 다올공동체센터, 한살림서남부 외 개인 38명

지역	형태	시작 연도 (준비위부터)	회비 (1년 기준)	조직/개인
광명	준비위원회	2019	없음	(사)광명심포니오케스트라, 경기두레생협, 광명YMCA, 광명경제정의실천시민연합, 광명교육희망네트워크, 광명시건강가정다문화가족지원센터, 광명은빛마을금빛가게, 광명좋은학교, 구름산협동조합, 구름자리, 금강정사, 대성참기름, 두꺼비산들학교협동조합, 모둠삼방, 민주시민인권학교, 부커앤라하잉글리시, 에코커뮤니티, 좋은친구들, (주)제일디자인, 지구수호특공대, 창작의 숲, 콩세알협동조합, 크린환경(주), 푸른광명21실천협의회, 한오스텔라, 한울, 한울림교회, 해오름시민학교, 행원사회적협동조합, 협동조합 이루 협동조합숲터, **광명나래아이쿱생협** 외 개인 2명
하남	협의회 (비영리단체)	2019	단체 10만 원, 개인 3만 원	마을커뮤니티공간다래, 하남시미사강변종합사회복지관, 하남시장애인복지관, 하남시사회적기업협의회, 하남시진로센타, 하남진로강사협의회, 하남진로코치단, (사)경기패트롤맘 하남시지회, 푸른교육공동체, (주)태금, 하남글로벌다문화센타, 경기농아인협회하남시지회, 샘치과, 하남시육아지원센터, 팔당생명살림두레생협 미사점&하남점, 꽃피는학교, **광주하남아이쿱**, 경기꿈의학교하남시네트워크, 하남YMCA, 하남시자활센타, 재미난공방, 엠씨알컴퍼니, 해피캘리, (주)마음을잇는재봉틀, 카페이응, 민들레배움터, 카페티라피, 드림보드빌더, 울림무역, 하남시사회복지협의회, 자원봉사단체협의회, 정심사, 하남시장애인후원회, 하남시지적발달장애인협회 외 개인회원 70명

지역	형태	시작 연도 (준비위 부터)	회비 (1년 기준)	조직/개인
안양	협의회 (비영리단체)	2019	30만 원	바른두레생협, 안양YMCA등대생협, **율목아이쿱생협**
고양	협의회 (비영리단체)	2020	10만 원, 후원회원 5만 원	고양파주두레생협, 고양YMCA, 고양YWCA, 다온협동조합, 아시아공정무역네트워크, (주)사탕수수, 투비협동조합, 한살림고양파주생협, 해봄사회적협동조합, 행복중심고양파주생협, **덕양햇살아이쿱생협**, **고양파주아이쿱생협** 후원회원: 공정무역 향초 대표, 재미공작소
군포	준비위원회	2020	없음	**군포아이쿱생협**, 군포YMCA, 군포시민주시민교육센터, 군포지속가능발전협의회, 군포경실련, iCOOP육아협동조합 으랏차차어린이집
김포	협의회 (비영리단체)	2020	단체 10만 원, 개인 5만 원	**김포아이쿱생협**, 참좋은두레생협, 농업회사법인 장수이야기, 참교육학부모김포지회, 김포급식모니터링단, 한국 놀이문화협회, 김포지속가능발전협의회, 김포시사경연대 사회적협동조합, 배우고나누는 우리동네공동체, 농업법인 김포농식품(주), 김포소비자시민모임, 세계시민리더십아카데미, 발달장애인 지원네트워크 파파스윌사회적협동조합, 과수원길 협동조합, 어웨이크교육문화콘텐츠협동조합, 개인 3명
부천	협의회 (비영리단체)	2020	생협 60만 원, 그 외 단체 24만 원, 개인 6만 원	**부천아이쿱생협, 부천시민아이쿱생협**, 경기두레생협, 한살림서울생협 경인지부, 부천YMCA, 부천소사지역자활센터, 부천나눔지역자활센터, 부천교육사회적협동조합
성남	협의회 (비영리단체)	2020	12만 원	**성남드림아이쿱**, 두레주민생협, 한살림, 서현청소년수련관, 버킷아시아, 위스토리, 나누리창작공방협동조합

지역	형태	시작 연도 (준비위 부터)	회비 (1년 기준)	조직/개인
수원	협의회 (비영리단체)	2020	단체 12만 원, 개인 6만 원	경기남부두레생협, 바른두레생협, **수원미래아이쿱생협, 수원아이쿱생협,** 한살림수원생협, 참살이협동조합, 솔대노리협동조합, 식생활교육수원네트워크, 라온경제교육사회적협동조합, 수원YWCA, 수원YMCA, 수원지속가능발전협의회, 수원시협동조합협의회 외 개인 2명
안성	협의회 (비영리단체)	2020	24만 원	안성두레생협, 안성천살리기시민모임, 안성신협, 안성시민연대, **평택오산아이쿱생협,** 마을도시락 이락, 한살림경기서남부(안성), (사)경기다문화사랑연합 안성지회, 안성시 지속가능발전협의회 녹색위원회, 대천동성당
용인	연대모임	2020	없음	**용인아이쿱, 수지아이쿱,** 한살림성남용인, 주민두레생협, 용인지속가능협의회, 아름다운가게동백점, 샤인위드 컴페니언, 공정여행 마을로
의왕	협의회 (비영 리단체)	2020	단체 12만 원 이상, 개인 5000원 이상	**의왕아이쿱생협,** 경기남부두레생협, 바람개비행복마을, 청계자유발도르프학교, 개뚱이네공동육아사회적협동조합, 다솜어린이집 외 개인 3명
평택	협의회 (비영리단체)	2020	24만 원	교육협동조합 더울림, 느티나무 협동조합, (사)평택지역자활센터, 이음생태교육센터, 평택시민의료소비자생협, **평택오산아이쿱생협,** 평택협동사회네트워크, 평택협동조합협의회, 한살림경기서남부(평택)
경남 (1)				
진주	추진위원회	2018	단체 3~5만 원	**진주아이쿱생협,** 경남과학기술대학교, 진양고등학교, 아름다운가게, 진주YWCA, LH토지주택공사, (사)소비자의정원

관(官)과의 협력

공정무역마을운동에 참여하는 아이쿱생협의 회원생협들은 관과의 협력 관계를 형성하며 사업을 진행하고 있다. 각 지역별로 지방자치단체의 지역경제과, 일자리정책과, 경제진흥과, 사회적경제정책과, 소상공인과 등 다양한 부서와 협력하고 있다. 지역별로 공정무역 업무를 담당하는 부서가 다르고, 부서명 또한 다르다. 예를 들어 일자리정책과의 사회적경제팀에서 담당하기도 하고, 사회적경제과의 공유경제팀에서 맡기도 한다. 지역경제과 협동조합팀에서 담당하는 경우도 있다.

공정무역마을운동을 추진하는 지자체는 조례가 제정되고 나면 조례를 근거로 공정무역 관련 예산을 배정하고 배분한다. 이때 공정무역협의회에 참여하고 있는 단체들이 공정무역 예산으로 공정무역과 관련한 다양한 사업을 실행한다. 초·중·고등학교에서의 학교 교육, 일반 시민 대상의 공정무역 기초, 심화, 활동가 양성 과정 교육, 지역의 다양한 커뮤니티를 대상으로 공정무역 주제의 각종 모임 등 다양한 사업을 펼친다. 지자체의 사업비 지원은 공정무역 사업을 확대할 수 있는 기회가 된다.

그리고 조례를 근거로 공정무역위원회가 구성된다. 공정무역위원회는 지자체의 공무원, 전문가, 공정무역 민간협의회의 대표와 소속 단체들이 참여하여 관의 공정무역 사업 방향을 논의하고 심의하는 역할을 한다. 지자체의 위원회 활동을 통해서 지자체와 소통의 기회가 생기고 이는 다른 분야로 활동이 확대되는 계기가 되기도 한다.

공정무역마을 인증을 받기 위해서는 지자체의 참여가 필수다. 조례 제정, 위원회 구성, 예산 편성을 통한 지원 등 지자체는 공정무역마을을 만드는 데 꼭 참여하도록 제도가 설계되어 있다. 또한 지자체의 각

부서에서는 공정무역 물품을 구입하거나 공무원 대상 교육 추진, 지자
체에서 운영하는 카페나 매점 등을 활용한 공정무역 제품 판매처 확대
등의 다양한 사업을 펼치기도 한다. 지자체에서 집행할 수 있는 사업비
예산뿐 아니라 지자체가 보유하고 있는 다양한 자원을 통해 공정무역
확산에 기여할 수 있다.

공정무역마을을 만드는 과정은 민에서 할 수 있는 일과 관에서 할
수 있는 일을 함께 추진하면서 민관 협력의 모델을 만들어가는 것이다.
따라서 지방자치단체장과 선출직 의원들의 참여 의지에 따라서 공정무
역마을 만들기의 진행 정도와 수준이 달라지기도 한다. 예를 들어 광명
시는 민과 관이 협력하여 적극적으로 공정무역마을운동을 펼치고 있
다. 광명시장도 적극적으로 공정무역을 지지한다. 공정무역 교육 및 캠
페인을 지원하거나 광명시 평생학습원 1층에서 공정무역 제품을 전시
할 공간을 마련하기도 했다. 또한 광명시 청소년재단, 광명서초등학교,
남광교회, 넓은세상작은도서관 등 4곳에서 공정무역 커뮤니티 인증을
받기 위한 추진 선언을 하기도 했다.[121] 이러한 활동은 언론을 통해 소
개되어 지역사회에 알려지면서 점진적으로 공정무역 인식 확산 및 공
정무역 제품 소비에 기여한다.

또한 이러한 활동에 적극 참여하고 있는 아이쿱생협 회원생협의
위상도 올라간다. 활동가들에게는 지역에서 더 많이 활동할 수 있는 기
회가 주어진다. 다양한 공정무역 교육 과정을 이수한 아이쿱생협의 활
동가들은 지역의 여러 커뮤니티에서 공정무역을 알리기 위한 활동을

---

121 남미진, 〈광명시! 공정무역으로 세상을 바꾼다! 국내 8번째 공정무역도시 인증 기념〉, 뉴
      스인광명, 2020.10.18. (https://www.newsingm.co.kr/news/article.html?no=7725) (검색
      일: 2020.10.18.)

적극적으로 진행하고 있다. 그리고 회원생협이 속한 해당 도시 또는 자치구를 비롯하여 지역의 다양한 커뮤니티들이 공정무역 커뮤니티 인증을 받을 수 있도록 지원한다.

공정무역마을 코디네이터가 되다

최근에 공정무역마을운동이 서울, 경기, 인천과 같은 수도권 지역을 중심으로 활발히 일어나면서 일부 아이쿱생협 회원생협과 조합원들은 공정무역마을을 만들기 위해서 적극적으로 활동한다. 그런데 공정무역마을을 만드는 일에는 기존의 회원생협에서 진행해온 교육, 캠페인과는 사뭇 다른 역량과 접근을 요구하는 측면이 있다.

　첫째, 한국공정무역마을위원회에서 제시하는 공정무역마을이 되기 위한 기준을 따라야 한다. 한국공정무역마을위원회에서는 국제적으로 권고하고 있는 공정무역마을 목표를 한국의 현실에 적합한 수준으로 제정하고 있다. 이 기준을 준수할 때 공정무역마을로 인증받을 수 있다. 구체적으로 살펴보면 우선 내가 사는 곳을 공정무역마을로 만들기 위해서는 공정무역마을운동을 지지하는 다양한 시민단체, 학교, 소상공인 등이 함께 모여서 민간 협의체를 구성해야 한다. 때에 따라 민간 협의체는 지자체가 공정무역 조례를 제정하도록 부단히 소통해야 한다. 그리고 한국공정무역마을위원회의 인증을 받은 공정무역 커뮤니티가 있어야 한다. 여기서 공정무역 커뮤니티는 공정무역 학교, 공정무역 대학, 공정무역 실천 기업 및 기관, 또는 공정무역 종교 기관을 의미한다. 예를 들어 공정무역 학교를 만들기 위해서는 해당 학교의 교장 선생님은 물론 담당 교사의 지지를 얻어야 하며, 학생들이 공정무역 제품을 경험할 수 있도록 학교의 매점이나 식당에서 공정무역 제품을 취급하도록 독려해야 한다. 공정무역에 관한 교육도 필수적으로 진행해야 한다. 지역에 공정무역마을, 공정무역 학교, 공정무역 대학, 공정무역 종교 기관, 공정무역 실천 기업 및 기관 인정을 받는 곳들이 증가하려면 자치단체장과 의원들은 물론 교장, 목사, 기관장 등 다양한 관계자들을 만나서 이들의 지지를 이끌어내기 위한 행동이 필수적으로 요구된다.

둘째, 공정무역마을운동은 내가 사는 마을에서 이루어진다. 그래서 우리 마을에 누가 살고 있고, 어떠한 활동이 펼쳐지고 있는지를 이해하는 사람이 추진할 때 활동의 동력이 생기는 운동이다. 지역의 어떤 사람들, 혹은 기관이 공정무역에 호의적인지 알고 있는 사람들이 움직여야 효과가 크다. 지역에 기반이 없는 사람들이 민간 협의체를 구성하고 정치인을 설득하며 지역의 다양한 기관과 함께 공정무역 커뮤니티 인증을 추진하기는 어렵다.

셋째, 공정무역마을운동은 지역사회에서 공정무역을 주제로 새로운 네트워크를 형성하며 지역사회를 변화시키기 위한 시민운동 역량을 필요로 한다. 지방자치단체, 정치인 등 관의 다양한 사람들과 지역의 학교장, 기관장, 주민 등의 공정무역을 지지하는 지지자를 발굴하고, 이들과 네트워크를 형성하며 새로운 활동을 모색해야 하는데, 이를 원활히 하기 위해서는 소통 역량이 필요하다. 소통이 잘 이루어지기 위해서는 공정무역, 공정무역마을에 대한 전문적인 지식은 물론 행정에 대한 이해가 필요하다. 활동가들은 공정무역에 대한 전문적인 지식을 습득해야 할 뿐만 아니라 스스로 활동을 계획하며 제안서를 작성하고 이를 다양한 관계자들에게 전달하고 소통하면서 유연하게 활동을 추진해야 한다.

넷째, 공정무역마을은 민관 협력이 이루어져야만 달성 가능하다. 지방자치단체의 의지만으로도, 민간의 의지만으로도 달성하기 어렵다. 2012년에 서울시는 공정무역도시 추진을 선언하고 많은 예산을 공정무역 운동에 지원하였다. 이어 성북구(2012년), 성동구(2019년)가 구청장의 주도로 공정무역자치구 추진 선언을 하였지만, 공정무역마을운동을 함께할 민간의 협의체가 구성되지 못해 공정무역자치구 달성에 어려움을 겪고 있다. 지방자치단체들의 의지가 있어도 민간에서 공정무역마을운동을 적극적으로 추진할 당사자들이 없다면 운동은 앞으로 나아갈 수 없다. 진주시의 경우는 민간에서는 공정무역마을운동을 적극적으로 추진하고자 공정무역마을추진위원회를 구성하였고, 공정무역대학, 공정무역 학교 인증을 받았다. 하지만 공정무역 조례 제정에 어려움을 겪고 있다.

공정무역마을운동이 지닌 이러한 특성을 인지하고 최근에 아이쿱생협과 (사)소비자의정원은 공정무역마을운동을 추진할 수 있는 역량을 키우기 위해 공정무역마을 코디네이터를 양성하는 교육 과정을 운영했다. 2019년 8월부터 8주 동안 19명의 아이쿱생협 회원생협 이사장, 이사, 퇴임 이사장을 대상으로 액션러닝 방식으로 교육이 진행됐다. 2020년에는 서울시의 지원을 받아서 서울시 공정무역마을운동 전문활동가 양성 과정을 운영하였으며, 바로 이어서 공정무역마을 코디네이터가 되기 위한 학습을 추가로 진행했다.

액션러닝 기반 공정무역마을 코디네이터 양성 과정은 공정무역에 대한 기초적인 이해가 있는 시민들을 대상으로 하며, 공정무역마을을 만들기 위한 전문 운동가로 양성하는 것에 그 목적이 있다. 위에서 언급한 공정무역마을운동의 특성을 이해하고 지역에서 공정무역마을 만들기를 실천하기 위한 역량을 강화하기 위한 과정이다. 자신이 살고 있는 지역, 또는 학교나 종교 기관과 같은 각종 커뮤니티가 공정무역마을과 커뮤니티로 인증을 받기 위해서는 이를 촉진하고 안내하는 역할을 할 시민운동가들이 필요하다. 공정무역마을 코디네이터 양성 과정은 이러한 역할을 할 수 있도록 참여자들의 역량을 키우는 교육이다.

이를 위해 양성 과정은 첫째, 공정무역에 대한 전문 지식을 세미나, 글쓰기, 강연 등의 다양한 방법을 통해 강화할 수 있도록 설계했다. 일방향의 강의식 수업으로는 참여자들의 전문성을 강화하기에는 한계가 있다는 문제의식이 있었다. 그래서 참여자 각자가 자신의 언어로 공정무역을 설명할 수 있도록 글을 쓰고, 이를 발표하는 시간으로 교육을 구성했다. 둘째, 자신이 살거나 활동하는 지역을 기반으로 공정무역마을을 만들기 위한 기획서를 작성하고 실제 실행하면서 실행 역량을 강화하는 것에 초점을 맞췄다. 셋째, 참여자 스스로 학습 목표를 세우고, 그 목표를 달성해가는 과정을 성찰하게 함으로써 스스로 문제를 파악하고 부족한 부분을 학습할 수 있도록 했다. 넷째, 참여자들과의 합의를 거쳐 각자의 참여 수준과 학습 역량에 따라서 유연하게 프로그램의 순서나 진행 시기를 조정했다.

총 40시간의 집합 교육을 했으며, 이때 개인 학습과 팀 학습이 동시에 이루어지도록 프로그램을 구성했다. 집합 교육 참여 전 매주 개인 과제와 팀 과제를 제시하여 집합 교육이 없을 때에도 공정무역에 관한 학습을 할 수 있도록 구성하였다. 개인 과제는 러닝코치(learning coach)가 제시하는 책과 논문을 읽고, 그에 관한 자신의 생각을 정리하는 것이었다. 공정무역이 놓여 있는 복잡한 이해관계와 다양한 관점을 확인하여 전체적인 공정무역의 맥락을 이해하도록 돕는 동시에 참여자가 공정무역의 어떠한 입장과 방식을 지지하는지를 생각하고 정리하는 기회를 갖도록 했다.

지역을 기반으로 공정무역마을과 커뮤니티를 만들기 위한 활동 계획서를 작성할 때에는 활동 계획서를 1번만 작성하고 끝나는 것이 아니라 지역 내 다양한 관계자들의 의견을 청취하고, 계획을 실행하면서 계속 수정·보완하도록 하였다. 활동을 위한 예산의 수립과 자원 확보 방안은 물론 지역에서 함께 연대할 단체나 개인 등이 있는지 조사하여 계획서에 포함할 것을 요구했다. 팀 과제로 공정무역마을, 공정무역 학교 추진에 관한 제안서 작성이 제시됐는데, 팀별로 함께 토론하면서 여러 차례 제안서를 수정·보완하여 제안서의 완성도를 높일 수 있도록 했다. 교육과정의 진행 순서와 주요 프로그램 내용 및 회차별로 부여된 사전 과제는 표19와 같다.

이 과정에 참여한 학습자들은 8주간 강도 높게 공정무역과 관련된 전문 지식을 학습하였다. 또한 스스로 공정무역마을을 만들기 위한 제안서를 작성하고, 이를 현장에서 직접 실행하면서 기대 이상의 성과를 창출했다. 실제로 양성 과정에 참여한 학습자들이 주도하여 서울시 양천구, 강서구 등에서 공정무역마을운동이 시작되었고, 경기도 수원시, 의왕시, 광명시 등에서 공정무역도시 인증을 받거나 준비를 하는 데 기여하고 있다. 수강생들은 양성 과정을 마친 후 각자가 살고 있는 지역에서 정치인들을 만나고, 정책 간담회 등을 적극적으로 추진하면서 공정무역 조례 제정을 이끌어냈다.

계속적으로 지역사회에서도, 조합에서도 뭔가가 일어나는 것은 처음 같아요. 저도 12년간 활동하면서 이렇게 후속 모임까지 활동한

표19 액션러닝 기반 공정무역마을 코디네이터 양성 과정 프로그램(2019)

회차	프로그램	시간	프로그램 내용	사전과제
1	공정무역 이해	1부 120분	• 오리엔테이션 • [토론] 그라운드룰 정하기 • [발표] 활동 계획서 발표	[개인 과제] • 활동 계획서 작성 • 독서 및 글쓰기
		2부 120분	• [세미나] 과제 발표 및 토론 • [토론] 팀 과제 역할 분담 토론	
2	공정무역 이해 한국공정 무역단체	1부 120분	• [발표] 활동 계획서 발표 • [강의] 공정무역마을 현황 및 규칙	[개인 과제] • 독서 및 글쓰기 [팀 과제] • 한국 공정무역 관련 단체 조사
		2부 120분	• [세미나] 과제 발표 및 토론 • [토론] 공정무역마을/커뮤니티 제안서 구성 논의	
3	공정무역 이해	1부 120분	• [세미나] 과제 발표 및 토론	[개인 과제] • 독서 및 글쓰기 [팀 과제] • 공정무역마을/커뮤니티 제안서 작성
		2부 120분	• [토론] 공정무역마을/커뮤니티 제안서 및 개별 활동 계획 논의	
4	공정무역 생산지이해	1부 120분	• [발표] 공정무역마을/커뮤니티 제안서 • [세미나] 과제 발표 및 토론	[개인 과제] • 독서 및 글쓰기 [팀 과제] • 공정무역마을/커뮤니티 제안서 작성
		2부 120분	• [토론] 공정무역마을/커뮤니티 제안서 및 개별 활동 계획 논의 • [평가] 1~3회차 평가	
5	공정무역 인증	1부 120분	• [강의] 공정무역 인증	[개인 과제] • 독서 및 글쓰기 • 활동 계획서 작성 [팀 과제] • 공정무역마을 제안서 • 공정무역학교 제안서
		2부 120분	• [토론] 공정무역마을/커뮤니티 제안서 및 개인 활동 계획 논의	
6	공정무역 마을	1부 120분	• [강의] 공정무역 조례 제정과 예산	[개인 과제] • 독서 및 글쓰기 • 활동 계획서 보완 [팀 과제] • 공정무역마을 제안서 • 공정무역학교 제안서
		2부 120분	• [발표] 개인 활동 계획서 발표	
7	공정무역 마을	1부 120분	• [강의] 해외 및 국내 공정무역마을 사례 발표	[개인 과제] • 활동 계획서 수정 및 보완
		2부 120분	• [세미나] 공정무역 인증 비교 • [토론] 활동 계획 논의	
8	전체 평가 및 수료	1부 120분	• [평가] 전체 과정 평가	[개인 과제] • 평가서 작성
		2부 120분	• [수여식] 과정 이수자 수여식	

적은 처음이에요. 서울의 경우 자치구별로 다르고, 경기도도 각기 다
르고요. 지역에서는 지역만 보게 되잖아요. 우리 조합이 있는 지역이
요. 그렇게 지역만 보면 작아요. 그런데 서울이나 다른 지역에서 (활동)
하고 있는 것을 들으면 시야를 넓게 가지고 활동을 해야겠다 싶어요.
우리 조합의 공정무역 활동만 봤다면, 이제는 좀 더 크게 봐야지 싶어
요. 그 과정에서 뭔가를 뚫고 갈 수 있는 부분이 생기는 것 같아요. 넓
게 보면, (공정무역과 관련해서)퍼뜨릴 수 있는 부분이 굉장히 많다는 생
각이 드는 거죠. 지속협(지속가능발전협의회)과도 좋은 관계를 맺어야
하고요. 학부모회 운영위원장들에게도 공정무역을 알려야 하나 싶고,
이렇게 시야가 넓어지는 거죠. 유치원 원장님들 연합회에도 간다는 이
야기를 들으니까 저런 방법도 있는데 싶고, 꼭 1곳에서만 할 이유는 없
잖아요. 1곳에 가서 퇴짜 맞으면 거기는 못 가잖아요. 그런데 100개 유
치원 원장님들이 있는 곳에서 설명하면, 관심 있는 분이 그중에 1퍼센
트라도 있으면 좋은 거잖아요. 이렇게도 할 수 있는데, 너무 작게만 생
각하고 있었던 거죠.

과정이 끝난 후에도 정기적인 네트워크 모임을 통해 공정무역 주
제로 세미나를 진행하고, 지역별로 공정무역마을 추진 상황을 공유하
면서 교류를 이어가고 있다. 본 과정에 참여한 활동가들이 공정무역마
을운동을 이해하고, 실제 이를 이끌어갈 수 있는 역량을 확보하면서 곳
곳에서 공정무역마을운동이 확산되기 시작했다.

공정무역마을운동은 지역사회를 변화시키는 운동이다. 지역의 다
양한 행위자들이 공정무역마을 만들기에 참여할 때 비로소 공정무역마
을이 될 수 있도록 설계되어 있다. 참여하는 이들이 공정무역의 의미를

그림53 공정무역마을운동 포럼(2019)[122]

이해하고, 공정무역 물품의 소비 확산을 위한 다양한 활동들을 진행해야만 진정한 의미의 공정무역마을이 될 수 있다. 이 과정에서 공정무역을 주제로 지역사회 내외부의 새로운 '연결'들이 다층적으로 새롭게 만들어진다. 지방자치단체, 지역의 소매점과 음식점, 학교, 도서관, 종교기관 등 지역을 둘러싼 다양한 행위자들이 공정무역을 주제로 만나 새로운 연결을 통해 지역사회에 새로운 실천을 만들어낸다.

2017년에 인천과 부천이 처음으로 공정무역도시가 된 후 4년여의 시간이 흘렀다. 지금은 서울, 인천, 경기도의 여러 지역에서 공정무역마을 만들기에 관심을 갖고 있다. 민과 관이 협력하는 공정무역마을운동을 통해 지역사회에 어떠한 변화들이 만들어질지에 대해서는 앞으로 더 지켜볼 필요가 있다. 분명한 것은 아이쿱생협의 활동가들이 지역사회에 기여할 수 있는 유의미한 방법 중의 하나가 공정무역마을운동이라는 것이다. 공정무역마을운동은 협동조합의 7원칙에서 명시하고 있는 지역사회에 참여를 확장할 수 있는 접근이다. 이때 협동조합에서 체득한 민주적인 의사결정의 경험은 지역에서 활동을 하는 데 있어 힘을 발휘할 것이다.

6장 결론

윤리적 소비 실천에서 공정무역마을운동으로 나아가다

아이쿱생협의 공정무역은 지난 13년간 양적으로 크게 성장하였으며, 국내 기업 중 가장 많은 공정무역 물품 소비가 아이쿱생협을 통해 이루어지고 있다. 공정무역 매출이 발생한 2008년부터 현재(2019년)까지 아이쿱생협의 전체 매출은 약 5배 성장했는데, 같은 기간 공정무역 매출은 약 26배 성장하였다. 조합원의 증가와 조합원 1인당 공정무역 소비 금액이 꾸준히 증가했기에 가능한 결과다. 사업적으로 (주)쿱무역은 아이쿱생협의 물품 취급 기준에 부합하는 다양한 공정무역 물품을 개발하여 조합원들에게 제공하였으며, 공정무역 물품에 대한 조합원들의 증가하는 수요를 뒷받침할 수 있도록 공급 가능한 물량을 충분히 확보하기 위해 노력해왔다. 공정무역 물품 소비의 증가는 개발도상국의 공

그림54　아이쿱생협의 공정무역

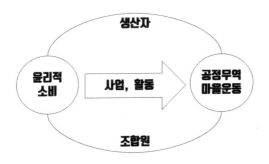

정무역 생산자들에게 더 많은 공동체발전기금, 공정무역기금 지원을
가능하게 한다.

　아이쿱생협의 공정무역 물품 소비가 꾸준히 증가할 수 있었던 것
은 활동가들의 활동이 동반되었기 때문이다. 많은 회원생협들이 지역
을 기반으로 공정무역과 연관된 다양한 활동을 진행했다. 이는 회원생
협은 물론 아이쿱생협의 위상을 강화했으며, 활동가들의 자긍심을 고
취시켰다. 그리고 공정무역을 학습한 조합원 활동가들은 이를 다른 조
합원들은 물론 지역사회 내 다양한 사람들에게 전달하면서 공정무역
인식 확산에 기여했다.

　세상을 더 나은 방향으로 이끌어가는 데 동참하는 아름다운 마음
을 가진 활동가들이 '아이쿱생협의 공정무역'을 통해 세상과 만나고 있
다. 개발도상국의 생산자들과 공정무역을 통한 첫 거래 이후 13년의 시
간이 흘렀다. 그사이에 국내외 공정무역을 둘러싼 지형에 다양한 변화
와 발전이 있었다. 아이쿱생협 조합원들의 공정무역 물품 소비는 윤리
적 소비 행동의 일환으로 시작되었다. 윤리적 소비 실천에서 시작된 공
정무역 물품의 소비와 각종 교육 및 활동은 이제 지역을 기반으로 한

공정무역마을운동으로 나아가고 있다. 본 책은 아이쿱생협 공정무역의 성장 과정을 연구자의 시각에서 기술한 것이다. 이제 '아이쿱생협의 공정무역'은 그동안의 사업과 활동의 성과를 기반으로 한 단계 더 도약할 시점에 놓여 있다. 여기서 아이쿱생협의 공정무역이 발전하기 위한 몇 가지 제안을 하고자 한다.

첫째, 공정무역 교육을 더욱 체계화해야 한다. 기초 과정부터 심화 과정까지 단계별로 교육 과정 설계를 체계화하는 것은 물론 언택트 시대를 대비할 수 있는 교육 프로그램 구성이 필요하다. 코로나로 인해 대면 교육이 줄고, 온라인 교육이 늘어나는 상황에 대한 대비가 필요하다. 강사들을 초대해 강의를 듣는 기존의 집체 교육이 갖는 교육의 효과를 점검하는 한편, 교육 효과를 높일 수 있는 다양한 교육 방법들이 시도되어야 한다. 조합원은 물론, 일반인 대상의 교육에서도 연령, 관심사 등을 고려한 교육 내용과 방법들이 개발되어야 한다.

둘째, 아이쿱생협의 공정무역 사업과 활동을 더욱 적극적으로 홍보해야 한다. 많은 인터뷰에서 확인할 수 있듯이 아이쿱생협의 조합원과 일반인은 공정무역에 호감을 갖고 있다. 아이쿱생협의 공정무역 물품과 생산자단체에 대한 스토리, 그리고 아이쿱생협 회원생협에서 진행하고 있는 공정무역 활동을 누구나 쉽게 접할 수 있도록 다양한 방식의 홍보가 필요하다.

셋째, 더 많은 공정무역 물품이 조합원들에게 소개되어야 한다. 여러 생산지에서 다양한 종류의 공정무역 물품을 수입하는 것은 물론 이를 원·부재료로 한 국내 생산 가공식품도 다양해져야 한다. 품질과 가격 등에 있어 조합원의 필요를 반영한 제품들이 다양해져야 공정무역 소비가 증가할 수 있다. 소비가 증가해야 개발도상국의 더 많은 생산자들과 함께할 수 있다. 최근 유럽과 북미에서는 공정무역 생산지의 지리적 범위를 확장하고 있다. 아시아, 아프리카, 남미의 가난한 저개발국가의 생산물뿐만 아니라 자국 농부나 인접 국가에 있는 농부들이 생산한 생산물 중 공정한 가격을 지불한 경우 공정무역 물품으로 인정하고 있다. 대표적으로 우유같이 개발도상국에서 수입할 수 없는 물품이나 기존의 공정무역 인증 제품에 해당하지 않는 자국 생산 품목이 여기에 해당한다. 이 역시 공정무역 인증 작업을 거치는데, 예를 들어 유럽에는 유기농 인증에 공정의 원칙을 적용한 나투르란트페어 인증이 있다. 관련 시장이 확장되고 있는 추세로 프랑스의 경우 시장 규모는 약 4000억 원에 이른다. 국내의 경우 농업 생산 환경의 어려움이 꾸준히 제기되고 있으며 생산 과정에 이주노동자들이 다수 참여하고 있는 것이 현실이다. 아이쿱생협의 경우 공정무역 물품 수입 초기부터 국내 친환경 농산물과 공정무역 원료를 혼합한 물품을 개발해왔다. 다만 이를 개념화하거나 인증 체계를 통해 입증하지는 않았다. 나투르란트페어 인증처럼 친환경 농산물과 공정무역 개념을 접목한 '공정한 친환경' 인증 프로세스를 국내에 도입하여 공정무역 물품의 범위를 확장하는 동시에 공정무역의 가치를 확대할 필요가 있다.

넷째, 일반인에게도 아이쿱생협의 공정무역 물품을 이용할 수 있는 기회가 확대되어야 한다. 서울시민 대상의 공정무역 인식 조사를 통해 공정무역 물품을 이용하고 싶어도 공정무역 물품을 어디에서 구입할 수 있는지를 알지 못해 사지 못하는 경우도 많다는 것을 확인할 수 있었다.[122] 공정무역에 우호적인 사람들에게 공정무역 물품을 경험할 수 있는 기회가 확대된다면 공정무역 소비 확산에 기여할 수 있을 것이다. 이로 인해 한국의 공정무역 시장 규모도 확대되고, 생산자들에게 돌아가는 혜택도 늘어날 수 있다.

다섯째, 더 많은 회원생협들이 공정무역마을운동에 참여하여 지역 공동체 형성 및 사회 변화에 기여해야 한다. 인천과 서울시가 공정무역도시가 되겠다고 선언한 이후 꽤 오랫동안 공정무역마을운동은 정체되어 있었다. 지역을 기반으로 한 공정무역마을운동을 이끌어갈 민간의 조직들이 부재했기 때문이다. 최근 경기도, 인천, 서울을 중심으로 공정무역마을운동이 활발히 추진되고 있는 배경에는 생협, 시민단체, 학교 등 다양한 기관들이 지역에서 적극적인 활동을 펼치는 데 있다. 아이쿱생협은 전국에 회원생협들이 있는 조직으로 아직 공정무역마을운동이 시작되지 않은 지역에서도 운동을 시작할 수 있는 기반을 이미 갖추고 있다. 공정무역마을운동을 통해 아이쿱생협의 회원생협들이 지역사회에 기여할 수 있는 기회가 더 많아질 수 있다.

여섯째, 공정무역 국제 개발 협력이 강화되어야 한다. 공정무역은 개발도상국의 가난한 생산자들과 노동자들이 경제활동을 통해 더 나은 삶을 살아갈 수 있도록 돕는 운동이다. 아이쿱생협은 공동체발전기금 외에도 별도의 공정무역기금을 조성하고 있다. 장기적인 계획 속에 이를 공정무역 거래 단체의 발전 또는 인재 양성을 위해 적절히 활용할 수 있다면 의미 있는 변화를 가져올 수 있을 것이다. 이미 전문성을 갖추고 있는 NGO와의 협력으로 개발도상국의 생산자단체들이 발전할 수 있는 다양한 방법을 모색한다면 공정무역의 목표 달성에 기여하는 것은 물론 아이쿱생협에 대한 긍정적인 이미지 또한 형성할 수 있다. 그

---

123 쿠피협동조합, 〈'공정무역도시 서울 3.0' 도약을 위한 정책 연구〉, 쿠피협동조합(미간행), 2020.

리고 조합원들과 생산자단체의 직접적인 교류도 확대할 수 있다. 예를 들어 아시아의 라오스, 캄보디아, 베트남과 같은 국가의 공정무역단체들이 인증을 받을 수 있도록 지원할 수 있다. 발전 가능성이 있는 커뮤니티를 발굴하여 장기적인 계획에 따라 아이쿱생협 펠로우 기금 등을 조성하여 사람, 특히 여성 리더를 키울 수도 있다. 공정무역기금이 부족하다면 세계 공정무역의 날이 있는 매년 5월에 집중적인 캠페인을 실행하여 기금 모금의 동력을 끌어낼 수도 있을 것이다. 장기적인 비전을 갖고 개발도상국에서 공정무역을 발전시킬 여성 리더를 양성한다면 아이쿱생협 조합원과 활동가들도 그 과정에서 보람을 느낄 수 있을 것이다.

일곱째, 윤리적 소비의 다양한 주제들과 공정무역의 접점을 넓혀나가야 한다. 공정무역은 다양한 사회적 이슈와 닿아 있다. 핵심적으로 분배의 정의를 강조하고 있지만, 아동 노동, 젠더, 기후 위기 역시 공정무역에서 매우 중요하게 다루는 이슈다. 이제는 이러한 이슈들과 공정무역의 접점을 다양한 관점에서 논의할 필요가 있다. 개별적으로 다루어지고 있는 이슈들과 공정무역이 어떻게 연결되는지를 설명함으로써 사회 변화를 위한 운동을 확장해나가야 한다.

결론적으로 필자들의 주장은 아이쿱생협에서 공정무역을 발전시켜왔던 그동안의 노력을 더욱 확장해나가야 한다는 것이다. 윤리적 소비 의식을 지난 조합원들이 모여 있는 아이쿱생협은 공정무역을 확산하여 국내는 물론 개발도상국의 사회적·경제적·환경적 지속가능성을 확장하는 데 중요한 역할을 할 수 있다. 아이쿱생협은 윤리적 소비 실천으로 공정무역을 시작했고, 사업과 활동 모두 성장시켜왔다. 이제는 지역의 공동체를 강화하고 사회 변화를 위해 공정무역마을을 만들어가고 있다. 윤리적 소비 실천에서 시작하여 공정무역마을운동으로 나아가고

있는 것이다. 아이쿱생협은 조합원들과 함께 지난 13년간 공정무역을
발전시켜왔던 것처럼 앞으로도 공정무역을 통한 사회 변화를 이끌어가
야 한다.

〈알아볼까요?〉 **공정무역과 기후 위기**

최근에 아이쿱생협은 조합원의 삶을 위협하는 기후 위기에 대응하
기 위한 사업과 운동에 주목하고 있다. 기후 위기는 사람들에게 공
정하게 영향을 미치지 않는다. 탄소발자국을 만들며 부를 축적한 국
가나 개인들은 기후 변화에 대응할 수 있는 자원이 있지만, 기후 위
기에 거의 영향을 미치지 않았던 저개발국의 가난한 이들은 기후 위
기에 취약하다는 것이 드러나고 있다. 종종 탄소발자국이 가장 적은
사람들이 가장 큰 타격을 받는다. 공정무역 생산자들 중에는 토지
오염, 농작물 수확량 감소로 인해 생계의 어려움을 겪는 이들도 있
다. 극단적인 날씨와 상승하는 기온은 커피, 코코아, 차를 포함한 공
정무역으로 거래되는 많은 생산물에 영향을 미친다. 특히 커피는 온
도 변화에 매우 민감한 작물로, 지구 온도가 2도 상승하면 커피 생산
량은 매우 줄어들고, 3도 상승하면 커피나무는 생존하기 어렵다.[124]

모든 지구인은 식량을 공급하는 농부에 의존하고 있다. 세계
식량의 80퍼센트는 5억 개의 소규모 농장에서 생산된다. 일부 연구

---

124 Fairtrade International, *Carbon credits* (https://www.fairtrade.net/product/carbon-
     credits) (검색일: 2020.12.1.)

에 의하면 지구 온도가 1도만 상승해도 주요 곡물 수확량이 5~10 퍼센트 감소할 수 있다.[125] 2019년 UN 글로벌 평가(The Global Assessment)에 따르면 현재 100만 종의 동식물이 멸종 위기에 처해 있는 상황이다. 이러한 자연 손실의 직접적 원인으로는 도시 확장 등으로 인한 토지 및 해양 사용 변화, 자원 과잉 착취, 기후 변화, 오염, 외래종의 침입 등이 제기된다. 이를 해결하기 위해서는 첫째, 살충제 사용 감소를 바탕으로 유전적 다양성 등을 고려한 지속가능한 농업을 확대하고 둘째, 식물성 식품의 다양성을 기반으로 하는 건강한 식단을 구성하고 육류와 어패류를 적게 소비하며 폐기물을 줄일 것이 제안된다. 또한 지속가능한 어업 방식 확보, 자연을 위한 공간을 고려하는 녹색 도시 구축과 친환경 운송 체계 마련, 기후 위기 해결을 위한 산림 관리의 중요성이 강조된다.[126]

국제공정무역기구에서는 공정무역 농작물 생산자가 기후 변화에 탄력적으로 대처하고 소비자, 소매 업체, 유통업자들이 탄소발자국을 줄일 수 있도록 공정무역 기후 표준을 제시하고 있다. 첫 번째는 공동체발전기금으로 나무와 다양한 작물을 심고, 관개 용수를 확보하여 그린 에너지 생산을 위한 기반을 마련하는 것이다. 두 번째는 개발도상국 농업 공동체가 기후 변화로 인한 영향을 해결하기 위

125 2017 AFP, *Climate change will cut crop yields: study*, Phys.org, 2017.8.15. (https://phys.org/news/2017-08-climate-crop-yields.html) (검색일: 2020.12.30.)

126 Ana María Hernández, *2020 WIN WIN Award Ceremony: Remarks by IPBES Chair and Executive Secretary* (https://ipbes.net/winwin-award-ceremony) (검색일: 2020.12.30.)

해서 탄소금융에 대한 접근성을 높이는 것이다. 그리고 유해한 살충제 사용을 금지하는 등 지속가능한 식량 생산을 촉진하여 생산자는 물론 전 세계를 보호하는 것이다.[127]

국제공정무역기구는 골드스탠다드(Gold Standard) 및 생산자 그룹과 협력하여 '공정무역 기후 표준(Fairtrade Climate Standard)'을 개발하고, 공

그림55 국제공정무역기구 탄소 크레딧

FAIRTRADE
CARBON CREDITS™

Gold Standard's expertise in climate security and sustainable development and Fairtrade's strength in producer empowerment, together support vulnerable rural communities in their fight against climate change.

FAIRTRADE | Gold Standard®

정무역 탄소 크레딧(carbon credits) 프로젝트를 실시하고 있다.

탄소 크레딧은 대기로 유입되는 것을 막거나 제거된 이산화탄소의 양이다. 태양열 난방과 전기, 태양광 발전, 풍력 에너지, 수력, 바이오 가스 난방 및 전기 사용 등 재생 가능 에너지 프로젝트가 있다. 쿡 스토브(cook stove) 개선, 정수 및 정화 시스템 설치, 에너지 절약 램프, 형광등처럼 에너지 효율 프로젝트가 있다. 마지막으로 나무 심기 프로젝트가 있다. 국제공정무역기구는 연간 약 2만 5000개의 공정무역 탄소 크레딧이 생성될 것으로 예상한다. 소매 업체, 기업, 시민단체 또는 개인은 공정무역 탄소 크레딧을 구매하여 기후 정의 및 기후 행동에 참여할 수 있다.[128]

---

127   Fairtrade International, *Climate change* (https://url.kr/7vijhl) (검색일: 2020.12.30.)

128   Fairtrade International, *Carbon credits* (https://www.fairtrade.net/product/carbon-credits) (검색일: 2020.12.1.)

실제로 국제공정무역기구가 소농들에게 제시하는 공정무역 표준에 관한 내용의 27퍼센트는 환경과 직접적으로 관련된 것이다. 공정무역 제품을 판매하기 위해 농부들은 토양과 수질을 개선하고, 유해 화학물질을 사용하지 않고, 해충 및 폐기물을 관리해야 한다. 또한 온실가스 배출을 줄이고, 생물 다양성을 보호해야 한다.[129]

많은 공정무역 생산자 협동조합은 공동체발전기금을 재조림 프로젝트에 투자한다. 개간으로 황폐화된 땅에 나무를 심으면 토양 침식을 방지하고 이산화탄소를 묶어 저장할 수 있다. 나무는 또한 생물 다양성 개선에 기여하며, 토양을 보호해 토착 야생동물의 서식지를 제공하기도 한다. 케냐의 차 생산 협동조합 시릿 오이피(Sireet OEP)는 공동체발전기금을 사용하여 나무 종묘장을 설립하고, 삼림 벌채를 줄이기 위한 교육을 실시하고 있다. 이미 공동체발전기금을 통해 15만 그루 이상의 나무를 심었다. 코스타리카의 쿠카페(COOCAFE)에서는 공동체발전기금을 활용하여 5000헥타르를 재조림했으며 농부들은 커피 농장에 그늘나무를 심고 있다. 이는 탄소 포집에 도움이 될 뿐만 아니라 커피 품질도 향상시킨다. 니카라과의 쿰프로콤(COOMPROCOM)은 공정무역 파트너의 지원을 받아 2010년에 재조림 프로젝트를 시작했다. 현재 16개의 새로운 조림지가 형성됐으며, 회원의 60퍼센트가 커피와 그늘나무를 함께 심고

---

129 Mike Gidney, *Why fairer trade is crucial to fighting the climate crisis*, Fairtrade Foundation, 2019.12.11. (https://www.fairtrade.org.uk/media-centre/blog/why-fairer-trade-is-crucial-to-fighting-the-climate-crisis/) (검색일: 2020.12.30.)

있다. 서아프리카에서는 식량 안보와 다양성 확보를 위해 코코아 농장에 가뭄에 강한 참마를 시범적으로 재배하고 있다. 한편 에티오피아의 오로미아 협동조합(Oromia Co-operative)은 바이오 가스 스토브 구입을 위한 탄소 배출권 이니셔티브에 참여하여 1만 명의 커피 농부에게 2만 여개의 효율적인 쿡 스토브를 제공하여 탄소 배출량을 최대 70퍼센트까지 줄였다.[130]

생산자단체들이 이산화탄소 배출을 줄이고 재조림을 위한 다양한 노력을 하고 있듯이 공정무역 제품을 소비하는 유럽에서도 기후 위기에 대응하기 위한 다양한 시도가 이뤄지고 있다. 영국의 공정무역재단은 플라스틱 사용을 줄이기 위한 실천의 내용을 다음과 같이 소개하고 있다. 첫째는 일부 공정무역 초콜릿은 플라스틱이 아닌 완전히 퇴비화할 수 있는 포장지를 사용한다. 내부 포장은 유칼립투스 목재 펄프로 만든 셀룰로오스 필름을 이용하고 외부는 재활용 가능한 종이를 이용하고 있다. 커피나 차를 포장할 때 사용하는 플라스틱 소재 역시 퇴비로 사용 가능한 대체재로 바꾸고 있다. 둘째로 합성섬유로 만든 옷이나 쇼핑백을 피하고 공정무역 면화로 만든 옷과 에코백 선택을 권장한다. 합성섬유로 만든 옷을 세탁할 때마다 미세 플라스틱이 방출되는데 이는 바다에서 물고기가 섭취할 수 있고 결국에는 인간이 먹는 음식에 남게 되기 때문이다. 셋째는 재사용 가능한 유리병에 담긴 공정무역 화장품 사용을 권한

---

130 같은 글.

다. 마지막으로 공정무역 제품을 취급하는 일부 소매점에서 플라스틱 없는 상점을 운영하고 있다. 대표적으로 웨이트로즈 & 파트너스 (Waitrose & Partners) 옥스퍼드 매장은 소비자가 내용물을 담을 용기와 가방을 직접 가지고 와서 필요한 만큼 덜어가는 방식을 도입했으며, 이에 대한 소비자들의 높은 호응으로 성공을 거두면서 다른 지역으로 플라스틱 없는 매장을 확장할 계획을 가지고 있다.[131]

131 Katy O'Brien, *7 Fairtrade switches to cut your plastic use*, Fairtrade Foundation, 2019.11.18. (https://www.fairtrade.org.uk/media-centre/blog/7-fairtrade-switches-to-cut-your-plastic-use/) (검색일: 2020.12.30.)

부록

아이쿱생협 공정무역 연혁[132]

연도	아이쿱생협 공정무역 연혁	(주)쿱무역 공정무역 연혁
2006	• 한국생협연구소 공정무역 포럼 개최	
2007	• 윤리적 소비 선언 • 공정무역추진위원회 구성 • 공정무역에 대한 조합원 설문조사 • 개발가공부 내에 무역담당자 배치	• 필리핀 PFTC(Panay Fair Trade Center) 실무자 2인 파견 • FLO-Cert 및 FLO e.V. 라이센스 등록 • 동티모르 로뚜뚜 마을 방문 • 동티모르 원두커피 티백 공급
2008	• (사)아이쿱생협연대와 아이쿱생협연합회로 분리 • 아이쿱생활협동조합연구소 2주년 기념 심포지엄 '윤리적 소비의 방향과 실천적 모색' • 윤리적 소비 공모전 • 세계 공정무역의 날 참여	• 콜롬비아 인스턴트 커피, 설탕, 초콜릿 생산지 방문 • 자연드림 초콜릿(콜롬비아) 공급 • 카카오 땅콩볼 50g(콜롬비아) 공급 • 동티모르 공정무역 커피 200g(분쇄, 원두 2종) 공급 • FLO 축구공(기획 물품)(파키스탄) 공급 • 필리핀 PFTC 2차 방문 • 아이스커피 믹스(FLO 인증 공정무역 SD 커피 사용) (콜롬비아) 공급 • FLO 인증 공정무역 FD 커피를 사용한 자연드림 커피믹스 모카/블랙(콜롬비아) 공급 • 공정무역 초콜릿 58%, 70% 40g 2종 리뉴얼(콜롬비아) 공급 • FLO 인증 마스코바도(필리핀) 공급 • 코코드림(콜롬비아) 공급 • FLO 인증 공정무역 인스턴트커피 100g (콜롬비아) 공급 • 공정무역기금 모금 시작
2009	• 윤리적 소비 공모전 • 필리핀 파나이 마스코바도 생산자 강연회 개최 • 제1회 워킹페어트레이드 행사 • 아이쿱생협과 PFTC 공정무역 협약식[133]	• IMO Fair for life 인증 엑스트라버진 올리브유(아르헨티나) 공급 • 네팔 공정무역 흑후가루 생산자 SHS 방문 • 필리핀 파나이섬 PFTC 마스코바도 가공공장 건립을 위한 협약 체결 • 공정무역 흑후추가루 50g(네팔) 물품 공급

---

132 1) (재)아이쿱협동조합연구소, 〈iCOOP생협 공정무역 5년의 성과와 과제〉, 《(재)아이쿱협동조합연수고 제22회 포럼 자료집》, 2011.
2) 소비자의정원, 〈별첨3. 공정무역 연표. 공정무역마을운동 내가 사는 마을부터〉, 《(사)참여하고 행동하는 소비자의정원(미간행)》 및 아이쿱 인트라넷, 2019.

연도		
2010	• 윤리적 소비 공모전: 2009 윤리적 소비 체험수기 공모전 수상집,《세상을 바꾸는 소비자의 힘》발간 • '공정무역위원회'로 명칭 변경 • 공정무역 학습회 진행: 공정무역위원회, 조합원 활동가, 직원 등 10인 목표: 아이쿱생협 내 공정무역 현황과 방향 정리 • '세계 공정무역의 날 한국페스티벌' 개최 • 필리핀 마스코바도 공장 건립기금 모금 (조합원과 국내 생산자 총 7109명 참여) • 제2회 워킹페어트레이드 행사 • 필리핀 파나이 AKC 마스코바도 공장 착공식 방문	• 네팔 후추 생산지 KTE 방문 • 동티모르 Rotutu 마을, 트럭 보수 및 마을 도서관 도서 구입(3000만 원) • 공정무역 흑통후추(네팔) 공급 • 쿱푸드시스템에 커피로스팅 설비 세팅 • 브라질 커피 생두 수입
2011	• 아이쿱협동조합연구소 22회 포럼, '아이쿱생협 공정무역 5년의 성과와 과제' • 필리핀 파나이 지역 'AFTC' 공정무역 마스코바도 공장 완공식. KBS〈다큐멘터리 3일〉'달콤한 공생(2012.1.8.)' 편으로 방영 • 윤리적 소비 공모전	• 필리핀 파나이 마스코바도 공장 완공 • 동티모르 원두커피 중단 • 팔레스타인 올리브유 공급 • 아르헨티나 엑스트라버진 올리브유 중단 • 라오스 FI 원두커피 생산지 방문 • 브라질 동결건조 인스턴트 커피 공급
2012	• 윤리적 소비 공모전 • 아이쿱생협연합회가 아이쿱소비자활동연합회로 명칭 변경 • 공정무역위원회 해체. 활동연합회에서 참여활동팀 구성 • 물품 취급 기준 변경 • 쿱푸드시스템이 쿱푸드로 법인 변경 • 한국공정무역협의회 설립 및 참여	• 라오스 원두커피 3종 취급 • iCOOP-AFTC 공장에서 처음 생산한 마스코바도 판매 시작
2013	• 필리핀 PFTC, AFTC 생산지 연수: 아이쿱생협연구소, 대외협력팀, 무역팀, 활동국 • AFTC 마스코바도 생산과정 사진전(장소: 서울시청 지구마을) • 공정무역의 날(장소: 서울시청) 지구마을_아이쿱생협의 공정무역 사업, 물품 집중 홍보	• 에코푸드 FI 인증 취득 • 공정무역 물품(바나나) 간담회 • 남아프리카공화국 와인 공급 • 인도 흑통후추, 강황 공급 • 태국 공정무역 바나나 시범 공급

---

133 송원경,〈공정무역 협약식 및 윤리적 소비 선언식 개최〉, SAPENet, 2009.7.2. (http://
icoop. coop/?p=2784003) (검색일: 2020.12.30.)

	• 연구소 주최 공정무역 포럼(장소: 서울시청 바스락홀) • 마스코바도 생산과정 사진 순회 전시회 • 공정무역 와인 출시 기념행사(회원생협, 매장) • 세계 공정무역의 날 행사_아이쿱생협 공정무역 생산자 인터뷰 • 윤리적 소비 공모전 • 공정무역실천단 교육	
2014	• 공정무역실천단 교육 실시(34명) • 과실주발전기금 시작 • 제1차 공정여행단 • 윤리적 소비 공모전 • PFTC 로메오 의장 암살 사건 서명 운동_총 806명 서명 참여 • 아이쿱 세계 공정무역의 날(장소: 서울시청 공정무역 가게 지구마을) • 세계 공정무역의 날 조합 공동 행사 (5.1~10): 공정무역 지지 인증샷 찍기 행사 • [서울시사업 진행] 아이쿱소비자활동연합회 '공정무역도서관': 서울 내 6개 도서관에서 어린이 대상 공정무역 강좌 40회 진행 및 캠페인 6회 진행 • WFTO-ASIA(세계공정무역기구) 컨퍼런스 아이쿱생협 주제 발표_공정무역을 통한 지역사회 역량 강화: iCOOP생협과 PFTC/AFTC의 파트너십 연구 • AFTC 커뮤니티 센터 착공	• 라오스 원두커피 중단 • 페루산 공정무역 바나나 상시 공급 • 콜롬비아 커피 생두 공급
2015	• 제2차 공정여행단 • AFTC 커뮤니티 센터 건립 기념 생산자 응원 메시지 캠페인(회원생협, 매장) • 세계 공정무역의 날 한국 페스티벌 • AFTC 커뮤니티 센터 완공 • 윤리적 소비 공모전	
2016	• 윤리적 소비 공모전 • 과산클러스터 (주)에코푸드에서 커피로스팅 시작 • 세계 공정무역의 날 행사 참여_평화를 심디 행사 개최 • 팔레스타인 Canaan Fair Trade 올리브, 아몬드나무 묘목 기부	• 팔레스타인 아몬드 공급

2017	• 윤리적 소비 공모전 • 세계 공정무역의 날_바나나 옷다 행사 개최 • 경기도 국제공정무역 컨퍼런스 공동주관 • 2기 한국공정무역마을위원회 참여	• Agrofair 계약 및 공정무역 바나나 공급량 확대 • 팔레스타인 올리브향미유 시범 공급 • 케냐AA 커피 생두 공급 • 스리랑카 버진코코넛오일 시범 공급
2018	• 아이쿱 무역팀에서 (주)쿱무역으로 분사 • 생협연합회 공정무역위원회 설치 • 경기도 회원생협들 공정무역 포트나잇 참여 • 필리핀 공정무역 연수: 아이쿱 활동가 7명, 아이쿱협동조합지원센터 국제부문 1명, 공감만세 담당자 1명	• 코스타리카 커피 생두 공급 • 에티오피아 커피 생두 공급 • 코스타리카 후레쉬컷 파인애플 시범 공급 • 인도 공정무역 유기농 화장솜 시범 공급
2019	• 3기 한국공정무역마을위원회 참여 • 2019년 세계 공정무역의 날 행사 진행 • 2019년 공정무역 교육 및 캠페이너 양성 과정(권역별 진행) • 공정무역위원회 공정무역도시 나고야 연수(5월): 공정무역위원회 소속 회원생협 이사장 6명, 세이프넷지원센터 국제부문 1명	• 페루 공정무역 애플망고, 생두 시범 공급 • 옥스팜 공정무역 스낵류 시범 공급 • 인도 공정무역 에코백 기획 공급 • 페루 카카오빈, 디카페인 생두 공급

아이쿱생협 공정무역 물품 생산자단체 인증 현황

단체명	공정무역 인증	기타 인증
PFTC	WFTO	CPB
카나안 페어트레이드	Fairtrade, Fair for Life, Naturland Fair	Euro-leaf(EU), USDA Organic(미국), JAS(일본)
PDS 오가닉 스파이시스	Fairtrade, Naturland Fair	Demeter, Euro-leaf(EU), Bio Suisse(스위스), USDA Organic(미국), JAS(일본), India Organic(인도), 친환경인증(한국)
OM 오가닉 코튼	Fairtrade	ECOCERT, GOTS(Global Organic Textile Standard), Carbon Neutral(Green Manufacturing)
CGPL	Fairtrade	GOTS(Global Organic Textile Standard), GRS(Global Recycled Standard), OEKO-TEX, SEDEX(인도)
아그로페어	Fairtrade	GLOBAL G.A.P., Euro-leaf(EU), Bio Suisse(스위스)
앱보사	Fairtrade	GLOBAL G.A.P., Euro-leaf(EU), USDA Organic(미국), JAS(일본)
마추픽추푸드	Fairtrade	GLOBAL G.A.P., UTZ, FDA, V-Label, Gluten-free certification, SGS, Euro-leaf(EU), USDA Organic(미국), Produto Organico Brasil(브라질), JAS(일본), 친환경인증(한국)
스텔렌러스트	Fairtrade	
옥스팜 베렐드빙켈스	Fairtrade	Euro-leaf(EU)
콤파니아 내셔널 데 초콜라테	Fairtrade	Kosher certification
FNC	Fairtrade	Rainforest Alliance, UTZ, Euro-leaf(EU), USDA Organic(미국), JAS(일본), 친환경인증(한국)
아그로타타마	Fairtrade	Euro-leaf(EU), BCS ÖKO-GARANTIE(독일), USDA Organic(미국)
Cacique	Fairtrade	Rainforest Alliance, IBD Certifications, SGS
쎄라도 소농 협회	Fairtrade	4C Services GmbH
스위스 워터	Fairtrade	Rainforest Alliance, UTZ, OCIA(Organic Crop Improvement Association), 4C, GmbH, BC Kosher, Halal
쿠페아그리 알엘	Fairtrade	Fssc 22000 Certification, Esencial Costa Rica
예르가체프 커피 농부 협동조합연맹	Fairtrade	Rainforest Alliance, IFOAM, CERES Certification
케냐 협동조합 커피 수출 회사	Fairtrade	

윤리적 소비에서 공정무역마을운동으로

1판 1쇄 펴냄 2021년 6월 4일
1판 2쇄 펴냄 2023년 6월 9일

지은이 김선화 신효진
펴낸이 안지미
기획 아이쿱생협연합회

펴낸곳 (주)알마
출판등록 2006년 6월 22일 제2013-000266호
주소 04056 서울시 마포구 신촌로4길 5-13, 3층
전화 02.324.3800 판매 02.324.7863 편집
전송 02.324.1144

전자우편 alma@almabook.by-works.com
페이스북 /almabooks
트위터 @alma_books
인스타그램 @alma_books

ISBN 979-11-5992-331-9 03300

iN은 아이쿱(iCOOP)과 자연드림(Natural Dream)을 상징하는 심볼입니다.